Denkanstöße

für

kluge Köpfe

entdeckt - erklärt - empfohlen

120 Denkanstöße

für

Ihr Leben

Aribert Böhme

Der Autor:

Psychologischer Berater (SGD-Diplom) & DV-Kfm. & EDV-Dozent & Autor, Aribert Böhme, ist seit dem Jahre 1988 in unterschiedlichen Bereichen des Ausbildungs- Weiterbildungs- und Umschulungswesens, tätig. Im Rahmen seiner freiberuflichen Tätigkeit als EDV-Dozent hat er bis dato ca. 9000 Kundinnen & Kunden in unterschiedlichen Fachbereichen der Informatik unterrichtet.

Neben seiner Lehrtätigkeit hat er bis dato 17 Sachbücher publiziert, die ihm, zusammen mit seiner Entwicklung des neuronalen Netzes, NEURONET 2.0, eine ehrenvolle Aufnahme in die „Who is Who – Lexika, Deutschland & Europa", einbrachten.

Als Psychologischer Berater betreut er regelmäßig Klientinnen & Klienten hinsichtlich schulfachlicher und familiärer Rahmenbedingungen.

Speziell für Eltern, Lehrkräfte sowie für alle Bildungsinteressierten hat der Autor eine 42-teilige Lehrvideoreihe mit dem Titel „Lernpsychologie und Motivationscoaching" entwickelt. Nähere Informationen dazu finden Sie u. a. auf der folgenden Internetseite: www.aribertboehme.de.

Als ehrenamtlicher Lesepate sowie als Lesementor engagiert sich der Autor für Kinder und Jugendliche, um der nachfolgenden Generation die Freude am Lesen zu vermitteln.

Impressum

Alle Rechte liegen beim Autor
Düsseldorf, im Sommer 2014
2. Auflage
Herstellung und Verlag: Books on Demand GmbH, Norderstedt
ISBN: 9783735740878

Bibliografische Information der Deutschen Nationalbibliothek
Die Deutsche Nationalbibliothek verzeichnet diese Publikation in
der Deutschen Nationalbibliografie; detaillierte bibliografische
Daten sind im Internet über http://dnb.d-nb.de abrufbar.

Kapitel	Denkanstoß
1	Ein Mann mit einer Überzeugung ist stärker als neunundneunzig Leute mit Interessen.
2	Es gibt Menschen, die sich immer angesprochen fühlen, wenn jemand eine Meinung ausspricht.
3	Gerade bei Kleinigkeiten, bei welchen der Mensch sich nicht zusammennimmt, zeigt er seinen Charakter.
4	Wer zu laut und zu oft seinen eigenen Namen kräht, erweckt den Verdacht, auf einem Misthaufen zu stehen.
5	Am meisten fühlt man sich von den Wahrheiten getroffen, die man sich selbst verheimlichen wollte.
6	Wenn einem das Wasser bis zum Halse steht, dann soll man den Kopf nicht hängen lassen.
7	Warum erweisen wir immer die letzte Ehre? Nie die vorletzte?
8	Überzeugungen sind oft die gefährlichsten Feinde der Wahrheit.
9	Man ist in dem Maße zur Freiheit reif, als man zur Selbstkritik fähig ist.
10	In einem wankenden Schiff fällt um, wer stillesteht, nicht wer sich bewegt.
11	Die Wahrheit leidet mehr unter dem Eifer ihrer Verteidiger als unter den Angriffen ihrer Feinde.
12	Wer seine Gedanken nicht auf Eis zu legen versteht, der soll sich nicht in die Hitze des Streits begeben.
13	Die schlimmsten Fehler werden gemacht, in der Absicht, einen begangenen Fehler wieder gutzumachen.
14	Der Mensch bringt täglich sein Haar in Ordnung; warum nicht auch sein Herz?
15	Wer sich zu viele Freunde machen möchte, hat schließlich nur noch Bekannte.
16	Wer noch niemals anderen Leuten auf die Füße getreten hat, hat sich vermutlich noch niemals von der Stelle bewegt.
17	Eine Lüge ist bereits dreimal um die Erde gelaufen, bevor sich die Wahrheit die Schuhe anzieht.
18	Irrtümer müssen nicht automatisch zu Katastrophen werden, man muss sie nur rechtzeitig erkennen.
19	Wer sich zu groß fühlt, um kleine Aufgaben zu erfüllen, ist zu klein, um mit großen Aufgaben betraut zu werden.
20	Wir sollten uns mit den großen Problemen beschäftigen, solange sie

	noch klein sind.
21	Es ist mir gleichgültig, ob einer aus Sing-Sing kommt oder von Harvard. Ich suche Menschen, nicht Biographien.
22	Nichts lernen wir so spät und verlernen wir so früh, als zugeben, dass wir Unrecht haben.
23	Unter den Fehlern, die wir in der Erziehung unserer Kinder machen, leiden am meisten unsere Enkel.
24	Die wahre Stärke eines Menschen sieht man nicht an den Muskeln, sondern wie er hinter dir steht!
25	Der Mensch, der es unternimmt, andere zu bessern, verschwendet seine Zeit, wenn er nicht bei sich selbst beginnt.
26	Wer zum Glück der Welt beitragen möchte, der sorge zunächst einmal für eine glückliche Atmosphäre in seinem eigenen Haus.
27	Wir haben verlernt, die Augen auf etwas ruhen zu lassen. Deshalb erkennen wir so wenig.
28	Der einzige, der einen Ozelotpelz wirklich braucht, ist der Ozelot.
29	Wer das Unrecht nicht verbietet, wenn er kann, der befiehlt es.
30	Zuhören können und ein gutes Wort zur rechten Zeit hilft dem andern und mildert sein Leid.
31	Wir verbringen einen großen Teil des Lebens damit, die Achtung anderer zu erwerben. Aber Selbstachtung zu gewinnen, darauf verwenden wir wenig Zeit.
32	Jeder Krieg ist eine Niederlage des menschlichen Geistes.
33	Güte ist, wenn man das leise tut, was die anderen laut sagen.
34	Macht besitzen und nicht ausüben ist wahre Größe.
35	Bei den wenigsten Gefängnissen sieht man die Gitter.
36	Erfahrung bedeutet nichts, jeder kann etwas jahrelang falsch machen ohne es zu merken.
37	Fremde Fehler beurteilen wir als Staatsanwälte, die eigenen als Verteidiger.
38	Unverantwortlich ist, wenn Verantwortliche keine Sachkunde und Sachkundige keine Verantwortung haben.
39	Wer ein Problem definiert, hat es schon halb gelöst.
40	Wo das Bewusstsein schwindet, dass jeder Mensch uns als Mensch etwas angeht, kommen Kultur und Ethik ins Wanken.
41	Der Weise ist daran zu erkennen, dass ihm das Reden mehr Mühe macht als das Denken.

42	Ein Tropfen an Liebe ist mehr wert, als ein ganzer Sack voll Gold.
43	Die Sprache ist die Quelle aller Missverständnisse.
44	Die außerordentlichen Geister wenden sich vor allem den alltäglichen, vertrauten Dingen zu, während den gewöhnlichen Köpfen nur die außerordentlichen Dinge auffallen.
45	Wenn eine freie Gesellschaft den vielen, die arm sind, nicht helfen kann, kann sie auch die wenigen nicht retten, die reich sind.
46	Es gibt Menschen, die reden soviel, dass sie sich auch selbst noch ins Wort fallen.
47	Weise ist der Mensch, der nicht den Dingen nachtrauert, die er nicht besitzt, sondern sich der Dinge erfreut, die er hat.
48	Sich Sorgen zu machen heißt, die Wolken von morgen über die Sonne von heute zu ziehen.
49	Der Wahrheitsliebende wird aus der Stadt gejagt.
50	Politik besteht nicht selten darin, einen simplen Tatbestand so zu komplizieren, dass alle nach einem neuen Vereinfacher rufen.
51	Auch aus Steinen, die einem in den Weg gelegt werden, kann man Schönes bauen.
52	Kleider machen wohl Leute, aber keine Menschen.
53	Die Welt ist voll von Leuten, die Wasser predigen und Wein trinken.
54	Fünf Sonnenminuten im Alltag können mehr bedeuten als ein Sonnentag im Urlaub.
55	Wer heute nur immer das tut, was er gestern schon getan hat, der bleibt auch morgen, was er heute schon ist.
56	Was wir wissen, ist ein Tropfen, was wir nicht wissen, ein Ozean.
57	Aller höhere Humor fängt damit an, dass man seine eigene Person nicht mehr ernst nimmt.
58	Verzage nicht! Vielleicht ist das Unglück die Quelle deines Glücks.
59	Der alte Grundsatz "Auge um Auge" macht uns schließlich alle blind.
60	Bemühe dich nicht um viele schöne Worte, wenn du mit einer kleinen Geste mehr sagen kannst.
61	Der meistbeschäftigte Mensch hat am meisten Zeit für alles, was er ernsthaft will! Nur die Willensschwachen haben nie Zeit.
62	Wer auf Grund seines Reichtums und seiner Ehrenstellung einen höheren Rang einnimmt, ist nicht groß. Warum erscheint er aber als groß? Weil man ihn mit dem Sockel misst.

63	Anerkennung braucht jedermann. Alle Eigenschaften können durch eine tote Gleichgültigkeit der Umgebung zugrunde gerichtet werden.
64	Einfachheit ist das Resultat der Reife.
65	Wer wirklich Autorität hat, wird sich nicht scheuen, Fehler zuzugeben.
66	Keiner hat mich gefragt ob ich leben will, also sagt mir auch nicht, wie ich zu leben habe!
67	Wir warten unser Leben lang auf den außergewöhnlichen Menschen, statt die gewöhnlichen um uns her in solche zu verwandeln.
68	Frieden kannst du nur haben, wenn du ihn gibst.
69	Viele kleine Leute an vielen kleinen Orten, die viele kleine Dinge tun, werden das Angesicht der Erde erneuern.
70	Glücklich, wer mit den Verhältnissen zu brechen versteht, bevor sie ihn gebrochen haben.
71	Das Wort Zufall ist Gotteslästerung. Nichts unter der Sonne ist Zufall.
72	Wer, wenn nicht wir? Wann, wenn nicht jetzt?
73	Der Edle sieht bei einer Gabe auf die Gesinnung des Gebers, nicht auf den Wert der Gabe.
74	Ein Freund ist besser als zehn Verwandte.
75	Man sollte niemals zu einem Arzt gehen, ohne zu wissen, was dessen Lieblingsdiagnose ist.
76	Wo zu viel zu sehen ist, sehen wir nichts.
77	Arbeitswut ist nur der Versuch, den eigenen Problemen auszuweichen.
78	Vergangenheit ist Geschichte, Zukunft ist Geheimnis, aber jeder Augenblick ist ein Geschenk.
79	Ist die Zeit das Kostbarste unter allem, so ist Zeitverschwendung die allergrößte Verschwendung.
80	Geld ist eine neue Form der Sklaverei.
81	Wir müssen die Bildungspolitik in Ruhe wie eine Pflanze wachsen lassen. Wir dürfen sie nicht alle vierzehn Tage ausbuddeln, um zu sehen, welche Wurzeln sie geschlagen hat.
82	Viele, die ihrer Zeit vorausgeeilt waren, mussten auf sie in sehr unbequemen Unterkünften warten.
83	Das ist bitter für einen Menschen, bei allem Wissen keine Macht zu haben.

84	Das Wesen eines Menschen hängt vom Einfluss guter oder schlechter Freunde ab.
85	Man darf nicht warten, bis der Freiheitskampf Landesverrat genannt wird.
86	Bildung ist das, was übrigbleibt, wenn wir vergessen, was wir gelernt haben.
87	Unsere Mängel sind unsere besten Lehrer; aber gegen die besten Lehrer ist man immer undankbar.
88	Die Dummheit ist die sonderbarste aller Krankheiten. Der Kranke leidet niemals unter ihr. Aber die anderen leiden.
89	Wahre Ruhe ist nicht Mangel an Bewegung. Sie ist Gleichgewicht der Bewegung.
90	Vorurteile sind Hindernisse auf der Rennbahn des Lebens.
91	Wenn du deinen Seelenfrieden wiederfinden willst, dann tritt von deinem Posten als Generalmanager des Universums zurück.
92	Wenn fünfzig Millionen Menschen etwas Dummes sagen, bleibt es trotzdem eine Dummheit.
93	Solange die Freiheit nicht in allen Ländern blüht, kann sie in einem einzelnen nicht gedeihen.
94	Die Gleichgültigkeit ist wie das Eis an den Polen: Sie tötet alles.
95	Sei nicht allzu ängstlich, was deine Handlungen angeht. Das ganze Leben ist ein Experiment.
96	Wer seine Träume leben möchte, darf nicht die anderer träumen.
97	Es bleibt der Menschheit nichts anderes übrig als mutig neue Wege zu beschreiten.
98	Wir leben alle unter dem gleichen Himmel, aber wir haben nicht alle den gleichen Horizont.
99	Verzicht ist eine selten benutzte Variante der Freiheit.
100	Ein Merkmal für die Entartung unserer Welt ist, dass sich die Menschen ihres Reichtums nicht schämen, sondern rühmen.
101	Die meisten Menschen wenden mehr Zeit und Kraft daran, über die Probleme zu reden, als sie anzupacken.
102	Solange wir Menschen denken, dass Tiere nicht fühlen, müssen Tiere fühlen, dass Menschen nicht denken.
103	Lerne zuhören, und du wirst auch von denjenigen Nutzen ziehen, die dummes Zeug reden.
104	Das Glück im Leben hängt von den guten Gedanken ab, die man hat.

105	Wer hohe Türme bauen will, muss lange beim Fundament verweilen.
106	Sprich nicht schlecht vom Menschen, er sitzt in dir und belauscht dich.
107	Zu Fastnacht bindet sich der Mensch eine zweite Maske vor seine erste.
108	Ein wahrer Freund ist jemand, der alles stehen und liegen lässt, wenn du ihn brauchst.
109	Toleranz wird zum Verbrechen, wenn sie dem Bösen gilt.
110	Der Zufall ist ein Pseudonym, das der liebe Gott wählt, wenn er inkognito bleiben will.
111	Wir leben in einer Welt, worin ein Narr viele Narren, aber ein weiser Mann nur wenige Weise macht.
112	Ein Gramm Beispiel gilt mehr als ein Zentner gute Worte.
113	Der Spiegel, den man anderen vorhält, sollte auf beiden Seiten geschliffen sein.
114	Viele Menschen treten in dein Leben ein, aber nur ein paar besondere Menschen hinterlassen auch Spuren in deinem Herzen.
115	Wer sich rühmt, dem traut man nicht.
116	Die Naturwissenschaft ohne Religion ist lahm, die Religion ohne Naturwissenschaft ist blind.
117	Verallgemeinerungen sind Lügen.
118	Kleine Taten, die man ausführt, sind besser als große, die man plant.
119	Die Fähigkeit, heute auch einmal anders zu denken als gestern, unterscheidet den Klugen vom Starrsinnigen.
120	Demokratie ist die Freiheit, wählen zu dürfen, wer einen diktiert!

Vorwort

Die Idee zur Gestaltung dieses kleinen Büchleins entstand aus der Erkenntnis heraus, dass viele kluge Denkanstöße eine Art „konzentrierter Information" enthalten.

Für viele der hier gesammelten Denkanstöße gilt, dass sich daraus problemlos vollständige Bücher entwickeln ließen, denn die Tiefe und Komplexität der in vielen Denkanstößen enthaltenen Ideen ist mitunter sehr groß.

Denkanstöße verstehen sich im Regelfall als ein Extrakt, der sich aus unterschiedlichen Quellen speist: Gelebtes Leben, gezieltes Nachdenken sowie nicht zuletzt aus Ahnungen, die sich manchen Menschen zuweilen in unterschiedlicher Art und Weise präsentieren; z. B. auch in eigenen Träumen.

Die in diesem kleinen Büchlein zusammengestellten Denkanstöße basieren auf Ideen diverser Philosophen und Zeitgenossen aus unterschiedlichen Epochen. Allen gemeinsam ist, dass sie zum eigenen Nachdenken anregen.

Zentrales Merkmal dieses kleinen Büchleins ist, dass alle Denkanstöße erklärt bzw. interpretiert werden; teils theoretisch, teils anhand konkreter Lebenssituationen aus unserer Alltagswelt.

Wichtig zu wissen ist, dass sich alle hier dargebotenen Interpretationen lediglich als „Angebote" verstehen, selbst nachzudenken. Keinesfalls erheben die hier vorgestellten Interpretationen einen Anspruch auf „der Weisheit letzter Schluss zu sein". Vielmehr sollen interessierte und engagierte Leserinnen und Leser dazu angeregt werden, die hier angebotenen Denkanstöße anhand eigener Lebenserfahrungen zu reflektieren, um somit ein tieferes Verständnis von den Dingen zu erlangen.

Es liegt in der Natur der Sache, dass vermutlich einige der hier vorgestellten Interpretationen auf Zustimmung, andere auf Widerspruch treffen. Dies mag u. a. daran liegen, dass jeder Mensch – aus verständlichen Gründen – über eine unterschiedliche Biographie verfügt, die dazu führen kann, ein und denselben Denkanstoß ggf. sehr unterschiedlich auszulegen. Daran ist nichts falsch; im Gegenteil, eine intensive Auseinandersetzung mit den hier angebotenen Interpretationen schärft das eigene Denkvermögen, und trägt nicht zuletzt zu einer differenzierteren Sichtweise bei. Provokationen – im positiven Sinn – sind durchaus gewollt.

Soweit es möglich ist werden die Quellen der vorgestellten Denkanstöße namentlich aufgeführt. Zuweilen ist es aber auch so, dass sich einige Zitate nicht zweifelsfrei zuordnen lassen, so dass diese dann unter der Rubrik „unbekannt" aufgeführt werden. Schlussendlich ist es eher zweitrangig, zu wissen, ob ein Zitat aus einer Quelle x oder y stammt; entscheidend ist vielmehr sich mit den transportierten Inhalten zu befassen.

In diesem Sinne wünsche ich allen Leserinnen und Lesern vergnügliche und erhellende Stunden beim aufmerksamen Studium der hier vorgestellten Denkanstöße.

Düsseldorf, im Sommer 2014

Aribert Böhme

01. Ein Mann mit einer Überzeugung ist stärker als neunundneunzig Leute mit Interessen.

John Stuart Mill

Achte darauf, dass Du nicht nur vorgibst unzählige Interessen zu haben, sondern sorge konsequent und nachhaltig dafür, dass Dir wesentliche erscheinende Überzeugungen auf fruchtbaren Boden fallen.

Entscheidend ist weniger die Menge, als vielmehr die Qualität gelebter Überzeugungen, die Du für Dich und Dein Umfeld praktisch zu realisieren versuchst.

Lass' Dich niemals durch voreilige, meist unreflektierte Äußerungen von Deinem Weg abbringen.

Konzentriere Deine Bemühungen darauf, Deine Überzeugungen durch eigenes Vorleben glaubhaft und nachvollziehbar für andere Menschen werden zu lassen.

Achte sorgsam und konsequent darauf, dass Du nicht aus falsch verstandener Bequemlichkeit heraus zum Mitläufer fremdbestimmter Interessen wirst, die nur vorschnell Applaus Deiner Mitmenschen provozieren, sondern prüfe Dich und Dein Gewissen, welches Deine Überzeugungen sind, die Du nach sorgsamer Reflektion als die Deinen anerkennst.

Unterscheide sorgfältig zwischen oberflächlichen Interessen, die oftmals nur einem hirngewaschenen Mainstream entsprechen, und tiefen Überzeugungen, die einer kritischen Überprüfung standhalten.

Lass' Dich niemals zum Spielball fremdbestimmter Interessen missbrauchen, sondern denke selbst.

02. Es gibt Menschen, die sich immer angesprochen fühlen, wenn jemand eine Meinung ausspricht.

Hans Christian Andersen

Du musst nicht immer sogleich kontern, wenn ein anderer Mensch seine Meinung sagt, die sich vermeintlich von Deiner eigenen Auffassung eines Sachverhalts zu unterscheiden scheint.

Gib Dir und den anderen Menschen in Deinem Umfeld ein faire Chance zur differenzierten Darlegung einer geäußerten Meinung.

Bemüh' Dich ernsthaft darum, zu verstehen, dass jeder Mensch – so auch Du – alles und jedes grundsätzlich zunächst nur vor dem Hintergrund der eigenen Biographie verstehen kann.

Du zeigst Stärke, wenn Du Deinen Gesprächspartnern nicht sogleich nach wenigen Sätzen ins Wort fällst. Du zeigst Stärke, wenn Du zunächst konzentriert und aufmerksam zuhörst, ohne schon während des Gehörten zu überlegen, wie Du Dein Gegenüber argumentativ „zerlegen" kannst.

Du zeigst Schwäche, wenn Du es nicht ertragen kannst, anderen Menschen Deine ungeteilte Aufmerksamkeit zuteil werden zu lassen, indem Du stets primär versuchst, Dich und Deine Ansichten in den Vordergrund drängen zu wollen.

Erkenne die große Chance für Dich und Deine Mitmenschen, die in einem aufmerksamen und empathischen Zuhören liegt.

03. Gerade bei Kleinigkeiten, bei welchen der Mensch sich nicht zusammennimmt, zeigt er seinen Charakter.

Arthur Schopenhauer

Beobachte Deine Mitmenschen in Situationen, in denen sich diese unbeobachtet fühlen, und Du erkennst deren wahren Charakter.

Schau' sorgsam auf Menschen in Deinem Umfeld, die sich in Situationen befinden, in denen sie außerhalb eines oftmals stark reglementierten Rahmens agieren, und Du erfährst viel über deren wahren Charakter.

Ob ein Mensch einen wahrhaft edlen Charakter hat erkennst Du vor allem daran, wie dieser Mensch agierte, fühlte er sich völlig unbeobachtet.

Achte sorgsam auf die Sprache, die Deine Mitmenschen verwenden, und lerne „zwischen den Zeilen" zu hören und zu lesen. Dadurch bekommst Du meist eine gute Chance etwas über die wahren Motive eines Menschen zu erfahren.

Erkenne und lerne die hilfreichen Signale menschlicher Gestik zu interpretieren, um somit Unstimmigkeiten zwischen Gesagtem und tatsächlich Gemeintem unterscheiden zu können.

Beobachte Menschen in einem angeheiterten Zustand, der durch Alkoholgenuss erzeugt wird, und Du erfährst so manches über die wahre Befindlichkeit eines Menschen.

04. Wer zu laut und zu oft seinen eigenen Namen kräht, erweckt den Verdacht, auf einem Misthaufen zu stehen.

Otto von Leixner

Du musst nicht stets und überall Dich und Deinen Namen preisen.

Bedenke, dass die Sympathie Dir gegenüber nicht dadurch gesteigert wird, indem Du anderen Menschen – meist ungefragt – Deine vermeintlichen Erfolge aufdrängst.

Vielmehr wirst Du den Respekt und die Achtung Deiner Mitmenschen erwerben, indem Du bewusst bescheiden und unaufdringlich agierst. Damit ist keineswegs gemeint, dass Du Dich und Deine Leistungen verleugnen sollst, wohl aber, dass Du ein feines Gespür dafür entwickeln solltest, wem gegenüber Du was über Dich und Deine Erfolge mitteilen möchtest.

Bist Du wirklich so armselig, dass Du nur Selbstachtung verspürst, indem Du Dich und Deine Erfolge über Gebühr lobst?

Bedenke: Eigenlob stinkt.

Menschen, die wahrhaft Großes leisten, haben es nicht nötig, stets und überall sich und ihre Taten in den Fokus der Betrachtung zu rücken.

Du darfst darauf vertrauen, dass viele Menschen ein feines Gespür dafür haben, zu unterscheiden, ob sie einen Blender oder einen wahrhaft großen Menschen vor sich haben.

05. Am meisten fühlt man sich von den Wahrheiten getroffen, die man sich selbst verheimlichen wollte.

Friedl Beutelrock

Es muss Dir nicht peinlich sein, Dich dabei zu ertappen, dass womöglich plötzlich Wahrheiten ans Tageslicht kommen, die Du anderen Menschen sowie Dir selbst gegenüber lieber verheimlichen möchtest.

Nutze jedoch die sich Dir bietende Chance, selbstkritisch zu reflektieren, ob bzw. inwieweit eine Dir unangenehm oder peinlich erscheinende Wahrheit Dich und Deine Persönlichkeit u. U. in einer Art und Weise prägt bzw. schon geprägt hat, die Du bei näherer Betrachtung selbst für unerwünscht oder bedenklich hältst.

Prüfe kritisch, ob auftauchende Wahrheiten, die Dir unangenehm erscheinen, primär aus der Dir zuteil gewordenen Erziehung stammen, oder ob es sich um solche Wahrheiten handelt, die sich im Laufe der Zeit destruktiv in Dein Leben eingeschlichen haben?

Im ersten Fall hilft es, dass Du mittels professioneller Unterstützung (z. B. eines Psychologen) herauszufinden versuchst, welche auslösenden Momente es bei Deiner Erziehung gegeben haben könnte, die nun dazu führen, dass Dich bestimmte Wahrheiten peinlich berühren.

Im zweiten Fall solltest Du in Deinem eigenen Interesse unbedingt zeitnah und systematisch dafür sorgen, dass im Kern destruktive Denk- und Verhaltensweisen entlarvt und im Interesse eines konstruktiven Lebensstils modifiziert werden.

06. Wenn einem das Wasser bis zum Halse steht, dann soll man den Kopf nicht hängen lassen.

unbekannt

Du kannst nicht verhindern, dass es Situationen in Deinem Leben geben wird, bei denen sich die emotionale Sonne verdunkelt.

Wir alle, so auch Du, werden nicht gefragt, ob bzw. welche Prüfungen uns dieses Leben auferlegt? Manche davon werden vergleichsweise leicht zu lösen sein, andere dagegen werden uns an unsere Belastungsgrenze – mitunter auch darüber hinaus – führen.

Doch Du kannst aktiv etwas dazu beitragen, dass auch für Dich die emotionale Sonne wieder scheinen wird.

Getreu dem Motto: „Wer kämpft, *kann* verlieren. Wer nicht kämpft, *hat* bereits verloren." solltest Du immer daran denken, dass sich schwierige Lebenssituationen nicht dadurch lösen lassen, indem Du „den Kopf in den Sand steckst", sondern vielmehr dadurch, dass Du aktiv und konsequent nach konstruktiven Lösungen Ausschau hältst.

Für den Fall, dass Du eine schwierige Situation nicht aus eigener Kraft lösen kannst, bitte andere Menschen um deren Hilfe. Falscher Stolz ist ist solchen Momenten fehl am Platze. Sobald Du aktiv auf andere Menschen zugehst, wirst Du in vielen Fällen die erfreuliche Erfahrung machen, dass man Dir im Rahmen der gegebenen Möglichkeiten gern behilflich sein wird.

Nutze Deine Chance.

07. Warum erweisen wir immer die letzte Ehre? Nie die vorletzte?

Nikolaus Cybinski

Beobachte Menschen in Deinem Umfeld, und Du wirst feststellen, dass es deren einige gibt, die anderen Menschen – meist aus dem eigenen Verwandten- und Freundeskreis - „die letzte Ehre" erweisen möchten, obwohl sie zu deren Lebzeiten alles andere als ehrenvoll mit eben diesen Verstorbenen umgegangen sind.

Erkenne, wie unsinnig, destruktiv, verletzend und letztlich unnötig es ist, Menschen erst dann „Ehre zu erweisen", wenn diese aus diesem Leben scheiden, und bemühe Dich fortan ehrlich darum, Menschen schon zu deren Lebzeiten „Ehre zu erweisen"; vorausgesetzt, es handelt sich um ehrenvolle Menschen.

Erkenne, dass Du weder den dann Verstorbenen noch Dir selbst etwas Gutes tust, indem Du erst zu einem Zeitpunkt eines „endgültigen Abschieds" ehrenvolle Worte findest, sondern bemüh' Dich ehrlich darum, schon zu Lebzeiten einen guten, konstruktiven und menschlichen Umgang mit Deinen Mitmenschen zu suchen und zu pflegen.

Sei in Deinem eigenen Interesse so weise, und erkenne, dass es klüger, sinnvoller und ehrlicher ist, schon zu Lebzeiten gute und aufbauende Worte für Deine Mitmenschen zu finden; nicht erst nach deren Ableben.

Es gibt nichts Gutes, außer Du tust es.

Jetzt.

08. Überzeugungen sind oft die gefährlichsten Feinde der Wahrheit.

Friedrich Nietzsche

Ist Dir daran gelegen, einer wie auch immer gearteten, unteilbaren Wahrheit näher zu kommen, oder richtet sich Dein Denken und Handeln primär danach aus, recht zu behalten?

Für den Fall, dass Du Dich der zweiten Aussage verbunden fühlst, täte Dir eine gehörige Portion Bescheidenheit und Demut gut. Sei gewiss, dass auch Dein Denken sich elementar aus Deiner individuellen Biographie ableitet; und die ist – aus verständlichen Gründen – höchst subjektiv, und von daher auch fehleranfällig.

Möchtest Du „der Wahrheit" ehrlich näher kommen, dann sei stets offen für neue Ideen, und prüfe diese unvoreingenommen und kritisch vor dem Hintergrund des jeweils zur Verfügung stehenden Wissens.

Sei Dir bewusst, dass neue bzw. Dir bis dahin fremde Gedanken zunächst „Unruhe" in Dein bisher als so stabil wahrgenommenes Gedankengebäude bringen können. Vergiss' aber niemals, dass sich eine „finale Wahrheit" schlussendlich immer durchsetzen wird. Keine noch so ausgeklügelte Strategie wird auf die Dauer verhindern können, dass sich „Wahrheit" durchsetzen wird.

Willst Du weise agieren, dann klebe niemals starrköpfig und uneinsichtig an vermeintlichen Überzeugungen, die einer kritischen Überprüfung nicht standhalten.

09. Man ist in dem Maße zur Freiheit reif, als man zur Selbstkritik fähig ist.

Martin Kessel

Sei ehrlich zu Dir selbst: Gehörst Du vielleicht zu den Menschen, die – unabhängig vom Thema – nahezu jede Kritik sogleich als einen persönlichen Angriff gegen Dich und Dein Ego empfinden? Gehörst Du zu den Menschen, die geradezu reflexhaft auf jede Dir spontan nicht genehme Aussage sogleich mit einem verbalen Gegenangriff reagieren?

Falls Du Dich in einer solchen Beschreibung wiedererkennst, solltest Du Dir schleunigst klar darüber werden, dass eine konstruktiv vorgetragene Kritik niemals zum Ziel hat, Dich und Dein Ego anzugreifen, sondern vielmehr dazu dient, Dich und Deine Persönlichkeit konstruktiv weiterentwickeln zu können.

Menschen, die nicht zur Selbstkritik willens oder fähig sind, können niemals wirklich frei sein. Vielmehr sind sie „Gefangene eigener, engstirniger" Denk- und Verhaltensmuster, die sie nahezu immer in der Kindheit anerzogen bekommen haben.

Befrei' Dich und Dein Denken, indem Du erkennen lernst, dass Dir die Fähigkeit zur Selbstkritik wertvolle Dienste bei Deiner Persönlichkeitsentwicklung zu leisten vermag.

Lern' zu unterscheiden zwischen Selbstkritik und Selbstvorwürfen. Erstgenannte ist klug und hilfreich; die Zweitgenannten sind eher dumm und destruktiv.

Entscheide Dich besser für die Erstgenannte.

10. In einem wankenden Schiff fällt um, wer stillesteht, nicht wer sich bewegt.

Ludwig Börne

Eine Lebensweisheit, der auch und vor allem in unserer Zeit eine besondere Bedeutung zukommt.

Wir leben in einer Zeit großer und fundamentaler Umbrüche, die unser aller Leben entweder schon spürbar beeinträchtigt, oder dies in absehbarer Zeit zunehmend deutlicher tun wird.

Je eher Du erkennst, dass nicht ein starres, ignorantes und uneinsichtiges Festhalten an etwas letztlich nicht Festzuhaltendem zielführend ist, sondern vielmehr ein umsichtiges, für neue Zeiten offenes Denken und Handeln, desto besser wird es Dir gelingen eine unaufhaltsam auf uns zukommende Zeit zu überstehen, die vielfältige und teils schwierigste Herausforderungen im Gepäck haben wird.

Nicht diejenigen, die – trotz zunehmend unübersehbarer Warnungen – noch immer nicht begreifen wollen / können – dass es fundamental neuer Denk- und Verhaltensstrukturen bedarf, die ein dauerhaft lebenswertes Leben für alle Menschen auf diesem Planeten zwingend erfordern, werden für eine Epoche des Umbruchs gewappnet sein, sondern vielmehr solche Menschen, die verstanden haben, dass es inzwischen nicht mehr nur „5 vor 12" sondern wohl eher „1 vor 12" ist, um unsere Welt vor dem sicheren Untergang zu retten.

Nur wer sich bewegt, bewegt etwas...

11. Die Wahrheit leidet mehr unter dem Eifer ihrer Verteidiger als unter den Angriffen ihrer Feinde.

William Penn

Gehörst oder zählst Du zu den Menschen, die allen Ernstes glauben, „allein im Besitz der Wahrheit" zu sein? Gehörst oder zählst Du zu den Menschen, die sich – um jeden Preis – immer wieder darum bemühen, andere Menschen im Sinne Deiner Wahrheit missionieren zu müssen?

Dann wisse, dass Du allein im Besitz einer wie auch immer gearteten Wahrheit sein müsstest, um unnachgiebig eben diese verfolgen zu können. Woher nimmst Du eine solche vermeintliche Gewissheit?

Agiere besser bescheiden und offen, und erkenn', dass wohl eher die Hölle zufriert, als dass ausgerechnet Du allein im Besitz „der Wahrheit" sein wirst, die es rechtfertigen könnte, dass Du blind „Deine Wahrheit" zu verbreiten suchst.

Nimm' zur Kenntnis, dass es oftmals vielmehr Zweifler und vermeintliche „Querdenker" sind, die einer wie auch immer gearteten Wahrheit deutlich näher kommen, als Menschen, die starrköpfig und uneinsichtig eigene, zumeist beschränkte Denkmuster anderen Menschen aufzudrängen versuchen.

Übe Dich in Bescheidenheit und Demut, und nimm' Dich und Deine Wahrheit nicht über Gebühr ernst.

12. Wer seine Gedanken nicht auf Eis zu legen versteht, der soll sich nicht in die Hitze des Streits begeben.

unbekannt

Gehörst Du eventuell zu den Menschen, die jeden vermeintlichen verbalen Angriff auf Dein Ego sogleich zu kontern versuchen?

Fällt es Dir schwer, abweichende Meinungen gelassen zur Kenntnis nehmen zu können, ohne sogleich eine hitzige Debatte vom Zaun zu brechen?

Kannst Du es nicht ertragen, dass Menschen andere Meinungen vertreten, die den Deinen zu widersprechen scheinen?

Fühlst Du Dich als Wächter des Universums, der allen Ernstes glaubt, allein im Besitz der Wahrheit zu sein?

Spürst Du in Dir einen unbändigen Drang, andere Menschen permanent – vor allem ungefragt – korrigieren zu müssen?

Falls Du diese oder ähnliche Beobachtungen an Dir selbst feststellst, solltest Du bewusst innehalten, und Dich fragen, woher Dein offenbar so starkes Bedürfnis kommt, abweichende Meinungen stets sogleich korrigieren zu wollen?

Nimm Dich bitte nicht so wichtig, und übe Dich in Demut und Bescheidenheit. Sei gewiss, dass es zumeist sehr viel klüger ist, vermeintlich abweichende Meinungen zunächst sorgsam und vorurteilsfrei zu reflektieren, bevor Du Dich als Wächter des Universums aufspielst.

13. Die schlimmsten Fehler werden gemacht, in der Absicht, einen begangenen Fehler wieder gutzumachen.

Jean Paul

Falls Du denkst oder spürst, dass Du einen Fehler gemacht hast, dann denk' zunächst über den weisen Spruch von Albert Einstein nach, der sinngemäß besagt, dass „ein Fehler bzw. Problem nicht mit den gleichen Ideen und Mitteln behoben bzw. gelöst werden kann, durch die es erst entstanden ist".

Prüfe sorgsam, welche auslösenden Ursachen oder Gründe es gegeben hat, die zu einer Situation geführt haben könnten, die von Dir als Fehler ausgemacht bzw. als Fehler empfunden wird.

Verfalle niemals in blinden Aktionismus, sondern bedenke, dass primär eine unvoreingenommene und möglichst differenzierte Analyse eines Fehlers zu dessen Lösung bzw. zu einer zukünftigen Vermeidung weiterer Fehler dieses Typs führen werden.

Berate Dich mit Menschen Deines Vertrauens, denen Du sowohl fachliche Kompetenz, als auch empathisches Vermögen zutraust, die Dir dabei helfen können, auslösende Ursachen zu finden, die zu Fehlern oder Problemen haben führen können.

Nimm' eine sog. Metaposition ein, bei der Du Dich bewusst darum bemühst, Fehler aus einer „höheren Warte" zu beobachten bzw. zu analysieren.

Vermeide den typischen „Tunnelblick", so dass neue Fehler des gleichen Typs vermieden werden können.

14. Der Mensch bringt täglich sein Haar in Ordnung; warum nicht auch sein Herz?

Aus Indien

Prüfe selbstkritisch, ob auch Du zu den Menschen gehörst, die unverhältnismäßig viel Kraft und Zeit für ihr Äußeres aufwänden, die zugleich aber viele ungeordnete Gedanken mit sich tragen?

Stell' Dir die Frage, welcher Aufwand im Endeffekt der klügere und wichtigere ist:

Ordnung herstellen in Deiner äußeren Erscheinung? Ordnung in Deinem Herzen, sprich Denken, anstreben?

Mit welcher Art Mensch möchtest Du im Zweifelsfall lieber kommunizieren?

Mit einem optisch aufgeräumt wirkenden Menschen, der jedoch einen fragwürdigen Charakter hat? Mit einem Menschen, der optisch den vielfach aufgezwungenen Mainstreamkriterien nicht entspricht, der aber erkennbar empathische Herzlichkeit ausstrahlt?

Im Idealfall könnten sich beide positiven Effekte ergänzen; häufig ist aber zu beobachten, dass die Devise gilt: „Mehr Schein, als Sein". Vergiss' das bitte nicht.

Welcher Wert ist schlussendlich der Wertvollere? Merkmale vergänglicher Äußerlichkeiten? Herzliche Empathie, die Du Deinen Mitmenschen zuteil werden lässt?

Entscheide selbst.

15. Wer sich zu viele Freunde machen möchte, hat schließlich nur noch Bekannte.

Hans Kasper

Ist Dir vielleicht auch schon aufgefallen, dass der Begriff „Freunde" in unserer Zeit zunehmend inflationär verwendet wird?

Schau' Dir beispielsweise einmal die unzähligen Facebook-Profile an, bei denen sehr viele Menschen diesen im Kern so elementaren und sehr wertvollen Begriff „Freunde" dadurch entwerten, indem bis dahin fremde Menschen unreflektiert als „Freunde" deklariert werden, allein dadurch, dass jemand eine sog. „Freundschaftsanfrage" per Mausklick bestätigt.

Denk' einmal ernsthaft darüber nach, dass durch einen derart – bewusst (?!) - inflationären Gebrauch des Begriffs „Freunde" etwas zutiefst sehr Wertvolles im Ansatz erstickt wird, indem Du Dir und anderen Menschen erst gar nicht mehr die Chance gibst, sorgsam und kritisch reflektiert zu prüfen, wer sich mit dem wertvollen Begriff „Freundin oder Freund" schmücken darf.

Lerne sorgsam zu unterscheiden zwischen „Freunden" und „Bekannten", denn in aller Regel handelt es sich dabei um zwei gänzlich verschiedene Kategorien, die auch entsprechend behandelt werden sollten.

Zuweilen können aus „Bekannten" auch „Freunde" werden, doch das dürfte eine aufgrund der nicht selten sehr großen Anzahl von Bekannten eher rühmliche Ausnahme darstellen.

16. Wer noch niemals anderen Leuten auf die Füße getreten hat, hat sich vermutlich noch niemals von der Stelle bewegt.

Franklin P. Jones

Gehörst Du zu den Menschen, die – unabhängig vom Thema – immer wieder darüber nachdenken, wem sie mit welcher Aussage oder Entscheidung womöglich „auf die Füße treten" könnten?

Falls ja, dann solltest Du Dir sehr ernsthaft überlegen, wessen Leben Du eigentlich lebst?

Stärke gewinnst Du nicht dadurch, indem Du oftmals vorschnell und feige vor einer nicht selten irrigen Vorstellung zurückweichst, Du könntest andere Menschen womöglich mit Deiner Denk- und Verhaltensweise „auf die Füße treten".

Stärke gewinnst Du vielmehr dadurch, indem Du offen und ehrlich zu Deinen Ideen und Deinen Ansichten stehst; auch und gerade dann, wenn Widerspruch erwartet werden darf.

Sei mutig, und nimm' Dir den Raum und die Zeit, dass auch Du Deine Ansichten offen und klar kommunizierst. Wichtig dabei ist, dass Du Dich stets um eine konstruktive, differenzierte und faire Art der Kommunikation bemühst.

Andere Menschen plump und laut lächerlich machen zu wollen, die Meinungen vertreten, die nicht den eigenen entsprechen, zeugt niemals von Klugheit, sondern offenbart vielmehr übersteigertes Geltungsbedürfnis und ein beschränktes Denkvermögen.

17. Eine Lüge ist bereits dreimal um die Erde gelaufen, bevor sich die Wahrheit die Schuhe anzieht.

Mark Twain

Ist Dir vielleicht auch schon aufgefallen, dass es mitunter sehr viel schwieriger ist die Wahrheit zu sagen, als eine mehr oder weniger clever konstruierte Lüge in die Welt zu setzen?

Wie kann es sein, dass es uns oftmals leichter fällt zu lügen, als die Wahrheit zu sprechen?

Grundsätzlich gibt es vielfältige Gründe dafür, dass Menschen lügen. Sei es aus Angst vor Repressalien, sei es aus Scham oder aus der Vorstellung heraus, sich dadurch persönliche Vorteile zu verschaffen. Der mit Abstand häufigste Grund aber dürfte darin zu suchen sein, dass Menschen Angst verspüren.

Hier sollte gefragt werden, ob bzw. inwieweit solche Ängste sachlich begründet sind, oder ob vielmehr bewusst deshalb gelogen wird, um sich persönliche Vorteile zu verschaffen?

Erkenne, dass es sich bei Lügen um ein tückisches, schleichendes Gift handelt, das in der Konsequenz nahezu immer destruktive Entwicklungen begünstigt.

Die zerstörende Kraft fortgesetzten Lügens führt dazu, dass zunächst ein so immens wichtiges Vertrauen im Kleinen (z. B. innerhalb von Familien), später dann auch gesamtgesellschaftlich zerstört wird. Vor den sich daraus zwangsläufig entwickelnden Negativfolgen wird sich schlussendlich niemand retten können.

18. Irrtümer müssen nicht automatisch zu Katastrophen werden, man muss sie nur rechtzeitig erkennen.

unbekannt

Bist Du vielleicht so erzogen worden, dass Du Irrtümer unter keinen Umständen zugeben darfst?

Ist Dir bewusst, dass sich dieses schleichende Gift des aktiven Leugnens begangener Irrtümer schon von Kindesbeinen an in Deinem Leben ausgebreitet hat?

Es gibt unzählige Situationen, in denen Menschen nicht selten sogar aktiv dazu aufgefordert werden, begangene Irrtümer penetrant zu leugnen.

Kinder in der Schule werden dazu angehalten, begangene Täuschungsversuche zu leugnen. Verkehrsteilnehmer, die einen Unfall verursacht haben, dessen Auslöser klar bei ihnen selbst zu suchen ist, werden seitens der sog. „Rechtsanwälte" dazu angeleitet, eigenes Verschulden auf keinen Fall offen zuzugeben. Ärzte, denen mitunter lebensbedrohliche Kunstfehler unterlaufen, verschanzen sich hinter einer Mauer des Leugnens. Diese Liste ließe sich problemlos fortsetzen.

Einmal abgesehen davon, dass eine solche Strategie unehrlich ist, und somit das Vertrauen zwischen den Menschen aktiv untergräbt, ist sie vor allem schlichtweg dumm.

Klüger ist es, zu erkennen, dass ein offener und ehrlicher Umgang mit begangenen Irrtümern eine Chance bietet, es zukünftig besser zu machen.

19. Wer sich zu groß fühlt, um kleine Aufgaben zu erfüllen, ist zu klein, um mit großen Aufgaben betraut zu werden.

Jacques Tati

Hast Du bei Dir oder bei anderen Menschen schon einmal beobachtet, dass sich diese „zu fein dafür wähnen, vermeintlich kleine Aufgaben zu erledigen"?

Falls ja, dann werde Dir bewusst, dass ein solches Denken und Handeln keinesfalls von persönlicher Größe zeugt, sondern vielmehr davon, dass derart fehlgeleitetes Denken von Selbstüberschätzung, Überheblichkeit und Dummheit bestimmt wird.

Menschen, die wahrhaft „groß" - nicht an Zentimetern, sondern vielmehr an Geistesgröße – sind, werden vielmehr bescheiden und demütig agieren.

Menschen, die das große Ganze nicht auch im Kleinen erkennen oder wertschätzen, beweisen damit vor allem, dass sie eher unreif sind, und somit nicht dazu taugen, dass man ihnen wahrhaft große Aufgaben anvertraut.

Solltest Du solche Tendenzen bei Dir oder anderen Menschen entdecken, dann reflektiere sorgsam über den folgenden Spruch:

„Arroganz ist die Distanz zwischen innerer Leere und äußerer Bedeutungslosigkeit".

Übe Dich darin, auch und gerade im Erledigen vermeintlich kleiner Aufgaben das große Ganze zu erkennen, und Du gelangst zu wahrhaftiger Größe.

20. Wir sollten uns mit den großen Problemen beschäftigen, solange sie noch klein sind.

Jadwiga Rutskowska

Es gibt fraglos viele Spruchweisheiten, die den Kern dieses Aphorismusses zum Thema haben. Einer der vermutlich bekanntesten lautet:

„Was Du heute kannst besorgen, das verschiebe nicht auf morgen".

So trivial dieser Spruch zunächst auch erscheinen mag, so sehr spricht er eine tiefe Wahrheit an, die sich in unterschiedlichsten Lebenssituationen nachweisen lässt.

Ganz gleich, um welches zu lösende Problem es sich auch handeln mag, so klug und empfehlenswert ist es, rechtzeitig „die Zeichen der Zeit zu erkennen" sowie rechtzeitig die zu einer „Kurskorrektur nötigen Schritte einzuleiten".

Nicht zuletzt aus der Psychologie ist bekannt, dass viele Menschen dazu neigen, eine objektiv sich als negativ abzeichnende Entwicklung erst dann zu korrigieren versuchen, wenn es meist schon zu spät für eine Korrektur ist. Vielmehr verharren viele Menschen in einer für sie ungünstigen Lage, als sich klugerweise zu einem Zeitpunkt umzuorientieren, ab dem eine Kurskorrektur noch möglich ist.

Gib' Dir selbst die Chance, und bemühe Dich um Problemlösungen zu Zeitpunkten, bei denen Du noch „die Regie führst"; warte nicht, bis Dich die Umstände dazu zwingen, Wege zu beschreiten, die Du so ganz sicher nicht wünschst.

21. Es ist mir gleichgültig, ob einer aus Sing-Sing kommt oder von Harvard. Ich suche Menschen, nicht Biographien.

Henry Ford

Wonach bewertest Du Menschen? Nach deren Biographie? Nach deren Wesenskern?

Bedenke, dass schlussendlich jede Biographie – so oder so – kein persönlicher Verdienst ist, sondern vielmehr ein Geschenk oder eine Last; je nachdem, aus welcher Perspektive Du sie betrachtest.

Kein Mensch, auch Du, wurde zuvor gefragt, ob bzw. unter welchen Lebensbedingungen sie oder er in diese Welt „geworfen" werden wollte.

Falls Du das unverdiente Glück gehabt haben solltest in einem Umfeld groß werden zu dürfen, das Dir vielfältigste Möglichkeiten für Dein Leben eröffnet hat, dann sei dankbar dafür.

Mach' Dir bewusst, das Dich im Kern so gut wie nichts von den Menschen unterscheidet, denen das Leben bisher nicht so wohlgesonnen scheint, auf die Du bisher womöglich verächtlich herabgeschaut hast.

Sei dankbar dafür, dass Du bisher eher auf der Sonnenseite des Lebens wandelst, und nutze dieses unverdiente Geschenk dazu, anderen Menschen, denen es weniger gut geht, aktiv und konsequent dabei zu helfen, dass auch sie ein Leben in Freiheit und Freude führen können.

Spüre die Kraft, die sich daraus auch für Dich ergibt.

22. Nichts lernen wir so spät und verlernen wir so früh, als zugeben, dass wir Unrecht haben.

Marie von Ebner-Eschenbach

Ist Dir schon aufgefallen, dass schon Kinder bewusst dazu angeleitet werden, offensichtliches Unrecht nicht zuzugeben, indem beispielsweise endlose und letztlich überflüssige Diskussionen in Schulen geführt werden, anstatt frei und offen zuzugestehen, dass man sich zuweilen im Unrecht befindet?

Warum leben viele sog. Rechtsanwälte gut davon, dass sie Mandanten bewusst und zunehmend ungehemmt dazu anleiten, klar als Unrecht zu erkennendes Verhalten nicht ebenso klar als solches zu benennen?

Was ist das für ein krankes Denken, dass Menschen dazu anleitet, offensichtliches Unrecht nicht klar zugeben zu können?

Bedenke, dass es vielmehr ein Zeichen persönlicher Stärke ist, frei und unumwunden zuzugeben, dass man in der einen oder anderen Situation im Unrecht war, anstatt unnötig Zeit und Energie darauf zu verschwenden, zu überlegen, wie klares Unrecht durch allerlei betrügerische Winkelzüge vertuscht werden kann.

Willst Du natürliche Autorität ausstrahlen, dann sei vor allem zunächst einmal ehrlich zu Dir selbst. Die meisten Menschen haben eine sehr feine „Antenne" dafür, ob ihr Gegenüber eine natürliche Autorität darstellt, oder ob es sich um einen sich selbst überschätzenden, im Prinzip feigen Blender handelt. Sei aufrichtig.

23. Unter den Fehlern, die wir in der Erziehung unserer Kinder machen, leiden am meisten unsere Enkel.

Imogene Fey

Bedenke, dass keine Deiner Entscheidungen folgenlos bleiben wird. Manche Folgen zeigen sich recht schnell, andere dagegen erst zu einem späteren Zeitpunkt.

Sei Dir bewusst, dass vor allem im Umfeld der Erziehung von Kindern und Jugendlichen Fehler oftmals ungünstige Auswirkungen zeigen, die nicht zwingend unmittelbar, sondern eher perspektivisch auftreten.

Sei selbstkritisch, und überprüfe sorgsam, ob Du bei Deinen Erziehungsmethoden nicht womöglich die gleichen Fehler begehst, die Du an anderer Stelle – vor allem bei Deinen Eltern – kritisierst.

Es ist keine Schande, sich professionelle Hilfe bei einer oftmals schwierigen Erziehung zu holen, wohl aber, wissentlich konstruktive Hilfsangebote vorschnell abzulehnen, die maßgeblich dazu beitragen könnten, Dir und Deinen Kindern zu einem konstruktiven Miteinander zu verhelfen.

Bedenke, dass sich gelebter „Unsinn" leider als sehr hartnäckig erweisen kann, und dass unter Deinen Erziehungsfehlern auch und vor allem Deine Enkel, sprich nachfolgende Generationen zu leiden haben werden.

Sei verantwortungsbewusst, und denke in längeren Zeiträumen.

24. Die wahre Stärke eines Menschen sieht man nicht an den Muskeln, sondern wie er hinter dir steht.

unbekannt

Lass' Dich nicht blenden von Äußerlichkeiten, denn nicht selten lenken sie vom Wesentlichen ab.

Meide Menschen, die auffällig viel Kraft und Zeit in übermäßig zur Schau getragene Äußerlichkeiten investieren. Schau' bewusst hinter die seelischen Kulissen, und Du wirst immer wieder die Erfahrung machen, dass Menschen, die übertriebenen Körperkult betreiben, im Grunde genommen bemitleidenswerte Geschöpfe sind.

Entscheidend sind weniger trainierte Muskeln, sondern vielmehr ein gutes Herz, das dazu beiträgt, Menschen in deren Sorgen und Nöten nach besten Kräften unterstützen zu wollen.

Umgib' Dich mit Menschen, auf die Du Dich verlassen kannst; vor allem dann, wenn es wirklich „brennt".

Unterscheide sorgsam zwischen echten Freunden und sog. Schönwetterfreunden. Erstgenannte sind mit keinem Geld dieser Welt aufzuwiegen. Die Zweitgenannten werden sich nicht selten genau dann schnell aus dem Staub machen, wenn Du sie wirklich brauchst.

Nicht primär Muskeln, sondern vor allem Herz mit Hirn sind es, auf die Du bei Menschen setzen solltest. Lerne zu unterscheiden zwischen physischer Stärke und menschlicher Stärke.

25. Der Mensch, der es unternimmt, andere zu bessern, verschwendet seine Zeit, wenn er nicht bei sich selbst beginnt.

Ignatius von Loyola

Hast Du Dich auch schon dabei ertappt, andere Menschen durch so allerlei „gut gemeinte Ratschläge" bessern zu wollen? Dann wisse, dass „Ratschläge" im Kern immer auch etwas mit „Schlagen" zu tun haben. Wer lässt sich schon gern freiwillig schlagen?

Klüger und nachweislich effektiver ist es, andere Menschen durch das eigene Vorbild zu einem Denken und Handeln anzuregen, das Deinen vermutlich guten Absichten entspricht.

Woher nimmst Du die Gewissheit und das Recht, anderen Menschen Deine Vorstellungen durch das meist unerwünschte Erteilen von Ratschlägen aufzwängen zu wollen?

Besser ist es, Du überprüfst Dein eigenes Denken und Handeln, und bewegst andere Menschen zu gutem Handeln, indem Du die von Dir propagierten und gewünschten Ziele durch eigenes Vorleben vorbildhaft lebst. Das wirkt deutlich glaubwürdiger, als dass Du anderen Menschen durch gut gemeinte Ratschläge auf die Nerven gehst.

Falls Deine Ideen und Ziele ehrenhaft und glaubwürdig sind, werden sie sich – so oder so – früher oder später durchsetzen. Du musst nicht stets und überall als „Wächter des Universums" agieren; es sei denn, Du verhinderst offensichtliches Unrecht. Dann musst Du handeln!

26. Wer zum Glück der Welt beitragen möchte, der sorge zunächst einmal für eine glückliche Atmosphäre in seinem eigenen Haus.

Albert Schweitzer

Ganz gleich, ob Du es beispielsweise aus der Bibel ableitest („Das, was Du dem geringsten meiner Diener angetan hast, das hast Du mir angetan"), oder ob Du einen eher wissenschaftlich orientierten Denkansatz favorisierst („Auch im kleinsten Element ist der Bauplan für das große Ganze angelegt"), so bedenke, dass im Kern folgendes ausgesagt wird:

Die Welt als Ganzes kann nur dann von Glück erfüllt sein, wenn auch das Glück im Kleinen blüht.

Auch und vor allem vor dem Hintergrund sich unübersehbar abzeichnender, weltweiter Entwicklungen, die größten Anlass zur Sorge geben, ist es wichtig, zu verstehen, dass sich Glück und Frieden auf der Welt nur dann etablieren können, wenn jeder Mensch – so auch Du – im Rahmen der jeweils gegebenen Möglichkeiten aktiv und konsequent dazu beiträgt, Glück und Frieden im unmittelbaren Umfeld zu schaffen.

Eine Welt, in der es unzählige Ungerechtigkeiten, Betrügereien sowie korrupte und kriminelle Machenschaften gibt, eine Welt, in der eine verschwindend geringe Minderheit nahezu das gesamte Welteinkommen auf sich vereint, ist im Ansatz krank, und dem Untergang geweiht.

Kehrt um, und helft mit, unsere Welt zu einem Ort des Friedens im Kosmos werden zu lassen.

27. Wir haben verlernt, die Augen auf etwas ruhen zu lassen. Deshalb erkennen wir so wenig.

Jean Giono

Wir leben in einer Welt, in der Menschen nahezu ständig und überall einer unüberschaubaren Anzahl vielfältigster Reize ausgesetzt sind.

Dies hat zur Folge, dass es zu einer permanenten Reizüberflutung kommt, der die meisten Menschen so nicht gewachsen sind.

Unruhe, Verunsicherung sowie in der Folge nicht selten auch Krankheit sind oftmals die Folge einer unkontrollierten Reizüberflutung, die im Interesse aller Menschen systematisch kanalisiert werden sollte.

Mehr und mehr Lehrkräfte mutieren zu spaßigen Unterhaltern, die nicht selten übermäßig viel Kraft und Zeit für die Gestaltung eines „spaßigen Unterrichts" aufwänden, anstatt sich um wesentliche Aspekte der Bildung zu kümmern, die Kinder und Jugendliche sinnvoll auf deren weiteres Leben vorbereiten.

Schenke Dir und Deinen Mitmenschen „die Kraft des Augenblicks", und lerne zu erkennen, dass sich durch ein sorgsames und differenziertes Betrachten vermeintlich kleiner Dinge oftmals deutlich mehr über das große Ganze lernen lässt, als durch ein hektisches und unstetes Aufsaugen unzähliger Sinneseindrücke.

Merke: In der Ruhe liegt die Kraft.

28. Der einzige, der einen Ozelotpelz wirklich braucht, ist der Ozelot.

Bernhard Grzimek

Diese Lebensweisheit steht stellvertretend für viele andere, die Dir im Kern sagen möchten:

Prüfe selbstkritisch, ob bzw. welche Dinge es in Deinem Leben gibt, die Du vermutlich bisher als selbstverständlich angesehen hast, die zugleich an anderen Stellen Not, Leid und Elend erzeugen.

Möchtest Du verantwortungsbewusst handeln, dann eigne Dir einen offenen, ungetrübten, vorurteilsfreien und differenzierten Blick auf die Welt an.

Beweg' Dich aus Deiner Komfortzone heraus, und prüfe ernsthaft, auf welche der bisher für selbstverständlich gehaltenen Dinge Deines Lebens Du verzichten könntest, ohne etwas Wesentliches zu verlieren.

Bemüh' Dich um eine ehrliche Bestandsaufnahme, und Du wirst feststellen, dass es auch bei Dir und Deinem Umfeld viele Dinge gibt, durch deren Verzicht Du sowohl Dir, als auch anderen Menschen und Lebewesen etwas Gutes angedeihen lassen könntest.

Merke: Weniger ist oftmals mehr.

Genieße eine sich Dir öffnende Freiheit, die Du spürst, indem Du überflüssigen Ballast aus Deinem Leben streichst.

Gib' Dir die Chance, zu erleben, wie wohltuend es sein kann, sich auf das Wesentliche zu konzentrieren.

29. Wer das Unrecht nicht verbietet, wenn er kann, der befiehlt es.

Marc Aurel

Gehörst Du vielleicht auch zu den Menschen, die sich über vielerlei Dinge aufregen, die aber zugleich nicht den Mut finden, aktiv und konsequent etwas zu unternehmen, um Unrecht zu unterbinden?

Dann lass' Dir sagen, dass es weder sachdienlich, noch moralisch vertretbar ist, nicht aktiv gegen beobachtetes Unrecht vorzugehen.

Niemand kann von Dir verlangen, dass Du Dich „um jeden Preis" fahrlässig in Gefahr begibst. Wohl aber solltest Du selbstkritisch prüfen, ob bzw. welche Gelegenheiten es auch für Dich gibt, bei denen Du Deinen aktiven Beitrag zur Minderung bestehenden Unrechts leisten könntest.

Sei aufmerksam, und beobachte, wo überall es in Deinem Lebensumfeld auffällige Ungerechtigkeiten gibt, die Du durch Dein aktives Engagement verhindern könntest.

Möchtest Du verantwortungsbewusst handeln, dann hilf' mit, Menschen in Deinem Umfeld dafür zu sensibilisieren, aktiv und konsequent gegen beobachtetes Unrecht vorzugehen.

Beobachtest Du Unrecht, und unterlässt Du es – im Rahmen Deiner Möglichkeiten – dieses zu unterbinden, machst Du Dich mitschuldig. Möchtest Du das?

Merke: Es gibt nichts Gutes, außer Du tust es.

30. Zuhören können und ein gutes Wort zur rechten Zeit hilft dem andern und mildert sein Leid.

unbekannt

Sieh' Dich um in Deinem Umfeld, und Du wirst feststellen, dass es viele Menschen gibt, die sich über aktive ZuhörerInnen freuen.

Aktiv zuhören zu können ist eine Kunst, die nur wenige Menschen beherrschen. Was ist damit gemeint?

Nun, aktiv zuhören zu können bedeutet, dass Du nicht schon nach wenigen Sätzen Deinen Gesprächspartnern ins Wort fällst, um dann sogleich Deine Sicht der Dinge kundzutun. Vielmehr ist damit gemeint, dass Du anderen Menschen die Gelegenheit dazu geben solltest ohne Druck das eigene Problem bzw. das eigene Leid angemessen darstellen zu können.

Du musst nicht immer sogleich vorschnell Lösungen anbieten. Oftmals ist es eher so, dass sich Menschen schlichtweg andere Menschen wünschen, die ihnen in aller Ruhe zuhören.

Ein freundliches und liebevolles Wort zur rechten Zeit ist oftmals sehr viel mehr wert, als lange Analysen, bei denen Du womöglich anderen Menschen primär Deine Sicht der Dinge aufdrängst.

Halte Ausschau in Deinem Umfeld nach Menschen, denen oftmals schon ein kurzes freundliches Wort den Tag erhellen könnte. Auch hier gilt: In der Kürze liegt die Würze. Nicht egozentrische Selbstdarstellungen, sondern vielmehr achtsame Momente sind es, denen Du nachspüren solltest.

31. Wir verbringen einen großen Teil des Lebens damit, die Achtung anderer zu erwerben. Aber Selbstachtung zu gewinnen, darauf verwenden wir wenig Zeit.

Josef von Sternberg

Hast Du Dich schon einmal gefragt, ob – falls ja, warum – Du so viel Zeit und Energie dafür verschwendest, die Achtung anderer Menschen zu gewinnen?

Was ist Dir wirklich wichtig: die Achtung anderer Menschen Dir gegenüber, oder Deine Selbstachtung?

Im ersten Fall solltest Du Dir ernsthaft die Frage stellen, warum Dir die Achtung anderer Menschen so wichtig ist? Warum legst Du so großen Wert darauf, dass Du die Achtung anderer Menschen gewinnst?

Prüfe Dich selbstkritisch, und frag' Dich, ob es im Kern daran liegen könnte, dass Du anderen Menschen gegenüber ein „gutes Bild von Dir" vermitteln möchtest? Sollte das der Fall sein, denk' ernsthaft über folgenden Satz nach: „Nimm' Dich selbst nicht so wichtig".

Bemüh' Dich vielmehr um Deine Selbstachtung. Achte primär darauf, dass Du mit Dir und Deinen Taten im Reinen bist. Das ist perspektivisch sehr viel sinnvoller und wertvoller, als dass Du Dich nicht selten krampfhaft darum bemühst, anderen Menschen gefallen zu wollen.

Sei authentisch in Deinem Denken und Handeln. Das allein zeugt von wahrer Größe.

32. Jeder Krieg ist eine Niederlage des menschlichen Geistes.

Henry Miller

Bedenke, dass ein Krieg nicht erst dann beginnt, wenn auf den Schlachtfeldern dieser Welt unschuldige Menschen ihr Leben verlieren, sondern jeder Krieg gründet auf vielen Vorläufern, zu deren wichtigsten Vertretern auch und vor allem die Sprache gehört.

Beobachte, dass eine teils offen vorgetragene, teils auch subtile Kriegsrhetorik maßgeblich zum Ausbruch eines Krieges beiträgt.

Krieg beginnt in den Köpfen von Menschen, in den Denk- und Sprachmustern, die teils bewusst, teils unbewusst verwendet werden.

Insofern ist der Schlüssel zur Vermeidung schrecklicher Kriege weniger darin zu suchen, durch eine Entwicklung immer „intelligenterer" und grausamerer Waffen eine vermeintliche Abschreckung bewirken zu wollen, sondern vielmehr darin, Menschen dazu anzuleiten, differenziert und ehrlich nach den jeweils auslösenden Gründen zu forschen, die in der Konsequenz zu Kriegen führen.

Entscheidenden Anteil hat dabei die verwendete Sprache, durch die Gedanken in die Welt getragen werden.

Unterschätze niemals die Kraft der Sprache, die – im Guten wie im Schlechten – enorme Auswirkungen haben kann.

33. Güte ist, wenn man das leise tut, was die anderen laut sagen.

Friedl Beutelrock

Missfällt Dir auch, dass es Menschen gibt, die aus der Not anderer Menschen auf eine abstoßende und billige Art „Kapital zu schlagen versuchen", indem sie sich beispielsweise auf den jährlich im Fernsehen zu sehenden „Wohltätigkeitsveranstaltungen" dafür feiern lassen, dass sie in ihrer „ach so großen Güte" Geldbeträge spenden, die – setzt man sie in eine ehrliche Relation zu den existierenden Vermögen – geradezu lächerlich sind?

Sehr viel wertvoller und ehrlicher ist es, wenn Menschen „im Stillen" wirken. Entscheidend ist nicht, dass sich eine verschwindet geringe Minderheit im Scheinwerferlicht vermeintlicher Wohltätigkeitsveranstaltungen sonnt, sondern dass die Wurzeln des Übels klar benannt und konsequent beseitigt werden.

Viele, der auf solchen Glanzveranstaltungen auftretenden Leute, sollten sich vielmehr bewusst machen, dass gerade sie es oftmals sind, die durch ihren Lebensstil maßgeblich dazu beitragen, dass es Veranstaltungen dieser Art überhaupt geben muss.

Ein vergleichsweise finanziell armer Mensch, der von seinem knapp bemessenen Hab und Gut armen Menschen unserer Gesellschaft ohne Aufsehen zu erregen einen Euro zusteckt, leistet erheblich wertvollere Dienste, als die meisten der Leute, die dekadent und fettgefressen medienwirksam Beträge zur Schau stellen, deren zentrales Ziel oftmals nur eine Befriedigung des eigenen Egos darstellt.

34. Macht besitzen und nicht ausüben ist wahre Größe.

Friedl Beutelrock

Gehörst Du vielleicht zu den Menschen, denen das Schicksal gut mitgespielt hat, und die von daher über das verfügen, was gemeinhin als „Macht" bezeichnet wird?

Dann sei Dir bewusst, dass Du stets verantwortungsbewusst und klug mit der Dir geschenkten Macht umgehen solltest.

Macht darf niemals zum Selbstzweck degenerieren; das wäre Missbrauch, der destruktiv ist, und den Du grundsätzlich ablehnen solltest.

Achte darauf, dass Du niemals – auch nicht in unbeobachteten Momenten – Deine Macht für niedere Zwecke einsetzt. Falls Du Dich dabei ertappen solltest, Deine Macht missbrauchen zu wollen, dann denk' daran, welchen Schaden Du damit bei anderen Menschen anrichtest.

Merke: „Was Du nicht willst, dass man Dir tut, das füg' auch keinem anderen zu".

Macht in dem Sinne auszuüben, dass Du die Dir geschenkten Möglichkeiten in einer für Dein Umfeld positiven Art und Weise einsetzt, ist prinzipiell sinnvoll und erstrebenswert. Allerdings solltest Du niemals gegen den Willen der Menschen handeln, die zwar einen anderen Weg als den Deinen gewählt haben, der aber grundsätzlich als erstrebenswert einzustufen ist. Sei vorsichtig mit Deinem „Urteil".

35. Bei den wenigsten Gefängnissen sieht man die Gitter.

Oliver Hassencamp

Schau' Dich sorgsam in Deinem Umfeld um – beginnend bei Dir selbst – und Du wirst feststellen, dass es viele „Gefängnisse" gibt, bei denen man zwar keine klassischen Gitter sieht, die aber mitunter erheblich schwerwiegendere Konsequenzen für das Leben der betreffenden Menschen haben können, als es herkömmliche Gefängnisinsassen erleben.

Zu den schlimmsten und folgenreichsten „Gefängnissen", von denen viele Menschen betroffen sind – oftmals, ohne es selbst zu wissen – gehören „Denkbarrieren".

Anerzogene Denk- und Verhaltensweisen beeinflussen Dein Leben vermutlich deutlich mehr, als es Dir bisher bewusst geworden ist. Handelt es sich dabei um konstruktive Denkmuster, ist dem nicht zu widersprechen. Oftmals führen aber anerzogene Denkmuster dazu, dass sich „Mauern" im Denken bilden, unter denen nicht zuletzt die Menschen zu leiden haben, die keinen „Weg nach draußen" finden.

Überprüfe Deine eigenen Denkgewohnheiten, und Du wirst mit an Sicherheit grenzende Wahrscheinlichkeit Beispiele für Denkbarrieren finden, die sich auch bei Dir längst verfestigt haben.

Nutze die Chance, die sich Dir und Deinen Mitmenschen bietet, indem Du solche Denkbarrieren abbaust, die Dich darin hindern, Deine Persönlichkeit konstruktiv entwickeln zu können. Jetzt!

36. Erfahrung bedeutet nichts, jeder kann etwas jahrelang falsch machen ohne es zu merken.

unbekannt

Hast Du Dich auch schon des Öfteren darüber geärgert, dass Menschen den Begriff „Erfahrung" insofern missbrauchen, als dass sie damit unausgesprochen sagen möchten, dass sie Dir überlegen sind?

Bedenke, die Feststellung „Erfahrung zu haben", ist zunächst einmal eine neutrale Feststellung, die nichts darüber aussagt, ob es sich um eine positive oder um eine negative Erfahrung gehandelt hat?

Entscheidend ist vor allem, ob ein Mensch aus „gemachten Erfahrungen" die richtigen Schlüsse zieht?

Genau das aber ist es, was erkennbar in vielen Fällen bestritten werden darf.

Vor allem ältere Menschen nutzen dieses Scheinargument jüngeren Menschen gegenüber – bewusst oder unbewusst – recht häufig, um somit eine vermeintliche Autorität vorzugaukeln, die jedoch bei näherer Betrachtung oftmals nicht bestätigt werden kann.

Insofern ist also nicht das Alter eines Menschen entscheidend, der Erfahrungen gemacht hat, sondern vielmehr die Frage, ob bzw. welche konkreten Schlüsse ein Mensch aus gemachten Erfahrungen zieht?

Richtige oder falsche Schlüsse können völlig altersunabhängig gezogen werden.

37. Fremde Fehler beurteilen wir als Staatsanwälte, die eigenen als Verteidiger.

Aus Brasilien

Ist Dir vielleicht schon einmal aufgefallen, dass Du möglicherweise „mit zweierlei Maß misst", indem Du Fehler anderer Menschen grundsätzlich anders bewertest, als Deine eigenen?

Das wäre nicht nur unfair, sondern auch wenig hilfreich.

Bevor Du Fehler anderer Menschen maßregelst, solltest Du Dir offen und ehrlich die Frage stellen, wie Du selbst behandelt werden möchtest, hättest Du einen Fehler begangen, den Du nun bei anderen Menschen anklagen möchtest?

Vergiss' nie den Leitsatz: „Was siehst Du den Splitter im Auge eines anderen Menschen, den großen Balken vor Deinen eigenen Augen aber nicht?". Dieser Leitsatz möge Dich daran erinnern, niemals vorschnell und selbstgerecht über echte oder vermeintliche Fehler Deiner Mitmenschen zu richten, bevor Du nicht selbstkritisch geprüft hast, wie Du in einer vergleichbaren Situation behandelt werden möchtest?

Sehr viel wichtiger als ein Anklagen und Richten von Fehlern ist es, wenn Du Dich stets ehrlich darum bemühst, zu verstehen, welche auslösenden Gründe es für begangene Fehler gegeben haben könnte?

Bedenke, dass auch Du immer wieder in Situationen kommen könntest, in denen Du Dir einen fairen Umgang wünschtest. Selbstgerechtigkeit stinkt!

38. Unverantwortlich ist, wenn Verantwortliche keine Sachkunde und Sachkundige keine Verantwortung haben.

Arno Söltner

Gehörst Du, oder zählst Du Dich zum Heer derer, die keine Verantwortung übernehmen, weil sie keine Sachkunde haben? Dann gib' Dir und Deinen Mitmenschen die Chance, durch einen Erwerb konstruktiver Sachkunde Verantwortung übernehmen zu können.

Stellst Du dagegen fest, dass Du oder andere Menschen zwar über hinreichend Sachkunde verfügen, diese aber verantwortungslos einsetzen, dann solltest Du schleunigst Deine Handlungsmotive einer ernsthaften und kritischen Überprüfung unterziehen.

Achte darauf, dass in Deinem Umfeld Menschen nur dann verantwortlich entscheiden dürfen, wenn sie über entsprechende Sachkunde verfügen.

Engagiere Dich, indem Du andere Menschen von einer beobachteten Verantwortungslosigkeit zu überzeugen versuchst, um dann gemeinsam mit ihnen aktiv und zielsicher dafür zu sorgen, dass die Menschen, denen Verantwortung übertragen wurde, auch faktisch verantwortungsvoll handeln.

Der Satz „Daran kann ich ohnehin nichts ändern..." ist in den allermeisten Fällen falsch, und sollte deshalb aus Deinem Denk- und Sprachrepertoire entfernt werden.

Sei mutig! Suche Mitstreiter für eine bessere Welt.

39. Wer ein Problem definiert, hat es schon halb gelöst.

Julian Huxley

Bedenke, wie immer ein zu lösendes Problem auch aussehen mag, entscheidend ist, dass Du es zunächst klar und deutlich definierst.

Scheu' Dich nicht davor, ein Problem als solches wahrzunehmen und zu benennen.

Je genauer Du ein zu lösendes Problem beschreibst, um so besser werden Deine Chancen sein, hilfreiche Lösungsansätze zu finden.

Denk' daran, dass sich mögliche Problemlösungen oftmals schon in einem zu beschreibenden Problem verstecken.

Sei klug, und verleugne nicht Deine Probleme, denn sie werden Dich – früher oder später – immer wieder einholen.

Möchtest Du ein Problem lösen, dann bemühe Dich stets um einen möglichst klaren und unvoreingenommenen Blick.

Nutze die Möglichkeiten, die Dir eine differenzierte Analyse bietet, und verharre nicht bei vermeintlich unlösbaren Details.

Fühlst Du Dich in einer Sackgasse, dann nimm' eine sog. Metaposition ein, bei der Du sozusagen aus der Warte einer dritten Person auf ein zu lösendes Problem schaust. Das kann sehr hilfreich sein.

40. Wo das Bewusstsein schwindet, dass jeder Mensch uns als Mensch etwas angeht, kommen Kultur und Ethik ins Wanken.

Albert Schweitzer

Auch und insbesondere in einer Zeit wie der unsrigen, in der sich das Menschsein oftmals nur noch darauf reduziert als Kostenfaktor wahrgenommen zu werden, den es im Interesse weniger Globalplayer zu optimieren gilt, ist es dringend geboten darauf aufmerksam zu machen, dass wesentliche Handlungsmaximen einer Neubewertung sowie einer Neuausrichtung unterzogen werden.

Eine Gesellschaft, in der sich sehr viele Fragen primär nur noch daran orientieren, ob bzw. in welcher Art und Weise Menschen einer verschwindend geringen Minderheit nützlich sein können, in dem Sinne, dass es einerseits nur noch sehr wenige Superreiche gibt, anderseits ein immer größeres Heer derer, die nicht mehr wissen, wie sie ihren Lebensunterhalt bestreiten sollen, ist es an der Zeit, einen grundsätzlichen Kurswechsel durchzuführen.

Hilf' mit, und trage durch Dein aktives Engagement mit dazu bei, dass unsere Welt ein menschliches Antlitz bekommt.

Lass' nicht zu, dass eine vergleichsweise lächerlich kleine Minderheit „Monopoly mit der ganzen Welt spielt", und dabei mehr und mehr Menschen in den Ruin getrieben werden.

Eine Gesellschaft, die den Mammon anbetet, ist im Kern krank und dem Untergang geweiht.

41. Der Weise ist daran zu erkennen, dass ihm das Reden mehr Mühe macht als das Denken.

Lin Yutang

Viele Menschen reden nahezu unentwegt auf andere Menschen ein, ohne auch nur ansatzweise zu merken, dass sie dabei häufig nur Banalitäten kommunizieren.

Viele Menschen wären klug beraten sich an den folgenden Leitsatz zu erinnern: „Vor Inbetriebnahme des Mundwerks bitte Gehirn einschalten". Bei einer konsequenten Beachtung dieses Leitsatzes könnte unsere Welt vor so allerlei verbalem „Abfalls" bewahrt werden.

Du musst nicht permanent über alles und jedes reden, was Dir gerade in den Sinn kommt. Vielmehr sei Dir angeraten Deine Worte mit Bedacht zu wählen.

Merke: Es ist besser, Du redest wenig und weise, als dass Du unentwegt andere Menschen mit hohlem Geschwätz belästigst.

Gib' Dir selbst die Chance, den Genuss zu erspüren, der sich einstellt, indem Du kluge Gedanken in Deinem Gehirn reifen lässt.

Lass' andere Menschen an Deinen Gedanken teilhaben, nachdem Du sie zunächst sorgsam und differenziert analysiert hast; aber bitte auch erst dann.

Bedenke: Weniger ist oftmals mehr. Das gilt fraglos auch für die kommunizierte Kommunikationsmenge.

Sei im Zweifelsfall einfach mal still.

42. Ein Tropfen an Liebe ist mehr wert, als ein ganzer Sack voll Gold.

unbekannt

Gehörst Du vielleicht zu den Menschen, die materiellen Gütern übermäßig viel Bedeutung im Leben beimessen?

Spürst Du ein Unwohlsein bis hin zur Angst, wenn Dir Teile Deines materiellen Besitzes genommen werden?

Dann denke bitte ernsthaft darüber nach, dass Dich Dein Besitz längst versklavt hat. Wirklich frei bist Du nicht, wenn Dein Denken und Handeln primär an materiellen Dingen verhaftet ist, sondern wenn Du Dich auf die Aspekte des Lebens konzentrierst, die sich mit keinem Geld dieser in weiten Teilen so kranken Welt kaufen lassen: Liebe.

Damit ist nicht die Art von Liebe gemeint, die allein schon durch eine oftmals bewusste Vergewaltigung der Sprache fälschlicherweise als Liebe bezeichnet wird, sondern vielmehr eine wahre Liebe, die diesen Namen auch verdient.

Schau' Dich sorgsam um in Deinem Leben und in Deinem Umfeld, und Du wirst feststellen, dass es letztlich eben nicht materielle Güter sind (Geld, Immobilien usw.), die Dir zur Seite stehen, wenn es richtig ernst wird. Vielmehr werden es Menschen sein, die Dir uneigennützig und auf der Grundlage wahrer Empathie das angedeihen lassen, das kein Geld dieser Welt zu leisten vermag: Wahre und aufrichtige Liebe, die Dich in den Fokus der Betrachtung stellt, und gerade nicht ein destruktiver Mammon, der sich längst wie ein unheilvolles Krebsgeschwür ausgebreitet hat.

43. Die Sprache ist die Quelle aller Missverständnisse.

Antoine de Saint-Exupéry

Sprache ist eines der wichtigsten, wenn nicht sogar das wichtigste Werkzeug zur Kommunikation.

Von daher ist es elementar wichtig, bewusst und konsequent dafür zu sorgen, dass Menschen möglichst ähnliche bzw. gleiche Kommunikationsbasen nutzen, auf deren Grundlage eine konstruktive und sinnvolle Kommunikation überhaupt erst ermöglicht wird.

Im Kleinen wie im Großen ist tagtäglich zu beobachten, dass es vor allem Kommunikationsprobleme im Umfeld der verwendeten Sprache gibt, die leider immer wieder zu mehr oder weniger schlimmen Konsequenzen führen.

Beginnend bei vergleichsweise harmlosen Missverständnissen im Alltag, bis hin zu kriegerischen Auseinandersetzungen zwischen Völkern dieser Erde, gibt es eine große Palette von Missverständnissen, denen aber sehr häufig die gleiche auslösenden Ursache zugrunde liegt: eine unterschiedliche Interpretation von Sprache.

Gib' Dir und Deinen Mitmenschen eine faire Chance, zu erkennen, welche besondere Bedeutung es hat, Sprache so zu verwenden, dass Missverständnisse schon im Keim erstickt werden. Bemüh' Dich um eine möglichst klare Sprache, und prüfe, ob bzw. inwieweit das jeweils Gesagte mit dem tatsächlich Gemeinten zur Deckung gebracht werden kann? Im Zweifelsfall solltest Du sofort nachfragen, um mögliche Missverständnisse erst gar nicht entstehen zu lassen.

44. Die außerordentlichen Geister wenden sich vor allem den alltäglichen, vertrauten Dingen zu, während den gewöhnlichen Köpfen nur die außerordentlichen Dinge auffallen.

Antoine Rivarol

Gehörst Du zu den Menschen, denen nur außergewöhnliche Dinge auffallen, und die nur dann einen Kick verspüren, wenn sie etwas geboten bekommen, das vermeintlich sensationell ist?

Falls ja, dann mache Dir bewusst, dass das wahrhaft Besondere vielmehr in eher alltäglichen Dingen zu finden ist, die Du bisher offenbar für selbstverständlich erachtet hast.

Stell' Dir einmal ernsthaft die Frage, welche Dinge in Deinem Leben wirklich elementar wichtig sind? Solltest Du in diesem Zusammenhang z. B. an solche Dinge denken wie beispielsweise „ein Haus, ein Auto, ein gut gefülltes Bankkonto, Schmuck, Reisen o. ä." dann überleg' einmal, dass all' diese Dinge letztlich ihren Wert für Dich verlören, hättest Du z. B. nicht auch folgende Schätze, wie z. B. „saubere Luft zum Atmen, Menschen, die Dich lieben, Gesundheit".

Sobald Du Dir ernsthaft Gedanken darüber machst, welche Aspekte es letztlich sind, die Dein Leben lebenswert machen, wirst Du feststellen, dass es nahezu durchweg solche Dinge sind, die Du bisher vermutlich eher als selbstverständlich betrachtet hast; obwohl sie es definitiv nicht sind.

Erkenne das Wunderbare und wahrhaft Wertvolle in vermeintlich einfachen Dingen des Alltags.

45. Wenn eine freie Gesellschaft den vielen, die arm sind, nicht helfen kann, kann sie auch die wenigen nicht retten, die reich sind.

John F. Kennedy

Eine Lebensweisheit, die insbesondere auch in einer Zeit wie der unsrigen eine sehr fundamentale und höchst wichtige Bedeutung hat.

Schau' Dich um, und Du kannst es an allen Ecken und Enden erkennen: Unsere Welt ist in sehr weiten Teilen zutiefst ungerecht.

Mache Dir bewusst, dass eine Welt, in der etwa fünf Prozent der Bevölkerung über etwa zwei Drittel des Vermögens verfügen, im Kern krank ist.

Nimm' nicht als gegeben hin, dass sich ein unheilvoller Zustand durch fortgesetzte Ignoranz und Untätigkeit immer weiter verfestigen kann.

Bemüh' Dich darum zu verstehen, dass auch und gerade solche Menschen, die bisher noch in einem überschwänglichen Luxus leben, perspektivisch ihren eigenen Untergang provozieren, indem sie allen Ernstes glauben, sie könnten sich dauerhaft auf einer „Insel der Glückseligen" gegen fast die gesamte Welt abschotten. Diese Rechnung wird definitiv nicht aufgehen!

Mach' Dich dafür stark, dass offensichtliche Ungerechtigkeiten auf unserer Welt systematisch abgebaut werden, indem Du Dich im Rahmen Deiner Möglichkeiten aktiv engagierst.

Geht nicht, gibt es nicht!

46. Es gibt Menschen, die reden soviel, dass sie sich auch selbst noch ins Wort fallen.

Georg Christoph Lichtenberg

Du musst nicht zu allem und jedem Deine Kommentare abgeben.

Bedenke, dass Du damit anderen Menschen oftmals den Raum nimmst, den diese – im Gegensatz zu Dir – sich nicht ungefragt nehmen.

Hast Du schon einmal ernsthaft darüber nachgedacht, warum viele Menschen andere Leute oftmals ungefragt bis zur Unerträglichkeit zutexten, obwohl diese nicht selten durch allerlei Signale überdeutlich zeigen, dass sie nicht als verbaler „Abfalleimer" missbraucht werden möchten?

Für den Fall, dass Du Dich in einer solcher Beschreibung wiedererkennst, nimm' Dich zurück, und gib' auch anderen Menschen eine faire Chance, deren Themenwünsche angemessen darlegen zu können.

Du musst nicht überall und stets Dein Bedürfnis stillen, andere Menschen über Gebühr mit Deinen verbalen Ergüssen „beglücken" zu wollen. Vielmehr wäre es klug, Du entwickelst ein feines Gespür dafür, in welchen Situationen ein kommunikativer Austausch ehrlich gewünscht wird?

Auch hier gilt: „Weniger ist oftmals mehr".

Wenige kluge Sätze sind erheblich wertvoller als ein nicht enden wollender Wortschwall.

47. Weise ist der Mensch, der nicht den Dingen nachtrauert, die er nicht besitzt, sondern sich der Dinge erfreut, die er hat.

Epiktet

Orientiere Dich nicht an den Dingen, die Du nicht besitzt, sondern sei froh und dankbar für die Gaben, die Dir geschenkt worden sind.

Verschwende keine unnötige Kraft darauf, Dingen nachzuhängen, die Du in Deinem Besitz wähntest.

Konzentrier' Dein Denken vielmehr auf die vielen, vermeintlich kleinen Dinge, ohne die Dein Leben nicht lebenswert wäre.

Schau' Dich um, und lass' Dich überraschen, dass Du wahrhaft viele wertvolle Dinge Dein eigen nennen darfst, die schlussendlich sehr viel wertvoller sind als ein vermeintlich wertvoller Besitz, auf den Du verzichten kannst, ohne im Kern etwas Wesentliches zu verlieren.

Lass' nicht zu, dass Deine Gedanken den Dingen nachhängen, die Du einmal besessen hattest, sondern richte Deinen Blick auf die Dinge, die bisher im Schatten eines übermächtigen Besitzes vorhanden gewesen sind, und die nun deren wahre Bedeutung entfalten können.

Schau' nicht zurück, sondern nach vorn. Dinge, die in der Vergangenheit liegen, änderst Du nicht mehr. Wohl aber kannst Du versuchen Deine Zukunft so zu gestalten, dass sie für Dich lebenswert erscheint.

48. Sich Sorgen zu machen heißt, die Wolken von morgen über die Sonne von heute zu ziehen.

unbekannt

Hast Du bei Dir schon einmal festgestellt, dass Du vor allem Gedanken nachhängst, die entweder nur vergangenheitsorientiert sind, oder die sich mit Aspekten befassen, die in einer noch nicht näher zu bestimmenden Zukunft angesiedelt sind?

Falls Du diese Frage ehrlicherweise mit Ja beantwortest, dann sei Dir bewusst, dass Du das größte Geschenk schlichtweg ignorierst, das da lautet: Lebe im Hier und Jetzt.

Dinge, die in der Vergangenheit liegen, kannst Du nicht mehr ändern. Insofern ist es kontraproduktiv, wenn Du Dich immer wieder darüber grämst, was Du womöglich alles hättest anders machen können.

Dinge, die in der Zukunft liegen, kannst Du – auch wenn es oftmals anders suggeriert wird – im Kern nicht wirklich beeinflussen. Das, was geschehen soll, wird auch geschehen.

Einzig die Gegenwart kannst Du aktiv und konkret gestalten. Richte Dein Denken und Deine Kraft auf das Hier und Jetzt. Verschwende keine unnötige Energie auf Dinge, die Du nicht mehr ändern kannst, oder zu deren Beeinflussung Dir schlichtweg die Mittel fehlen.

Indem Du Dir schon heute Sorgen über möglicherweise eintretende Situationen machst, die in einer nicht näher zu terminierenden Zukunft liegen, beschwerst Du unnötigerweise Deine aktuelle Gegenwart.

49. Der Wahrheitsliebende wird aus der Stadt gejagt.

Aus der Türkei

Auch wenn es Dir mitunter schwerfällt, lass' Dich nicht davon abbringen die Wahrheit zu suchen, und sie zu verteidigen.

Sei gewiss, dass Du Unverständnis, Hohn, Ignoranz bis hin zu mehr oder weniger offen vorgetragenen Feindseligkeiten erleben könntest, wenn Du konsequent und deutlich Deine Wahrheitsliebe auszuleben versuchst.

Lass' Dich nicht davon irritieren, dass Du mitunter verspottet wirst, denn schlussendlich wird sich die Wahrheit immer durchsetzen.

Bemühe Dich ernsthaft darum, andere Menschen davon zu überzeugen, dass es sich im Interesse aller Beteiligten lohnt, offen und mutig für die Wahrheit einzutreten.

Zeig' Deinen Mitmenschen, welche Entwicklung Menschen, Gesellschaften und schlussendlich unsere gesamte Welt nehmen wird, wenn wahrheitsliebende Menschen mundtot gemacht werden.

Menschen, die sich bewusst und fortgesetzt gegen ein Auftauchen der Wahrheit zur Wehr setzen, führen nichts Gutes im Schilde, denn ihnen geht es offenbar nur um den eigenen Machterhalt.

Merke: „Wahrheit ist grundsätzlich unteilbar".

Immer.

50. Politik besteht nicht selten darin, einen simplen Tatbestand so zu komplizieren, dass alle nach einem neuen Vereinfacher rufen.

Giovanni Guareschi

Ist Dir auch schon aufgefallen, dass sich in den weithin bekannten Polit-Talkshows immer die gleichen Leute tummeln, um dort in aller Regel weichgespülten Verbalabfall abzusondern?

Abgesehen von sehr wenigen Ausnahmen ist zu beobachten, dass geradezu gebetsmühlenartig immer die gleichen Thesen platziert werden, die jedoch – erfahrungsgemäß – so gut wie noch nie zu einer faktischen Problemlösung geführt haben.

Ist es nicht schier unerträglich, mitansehen zu „dürfen", wie sich nahezu täglich mainstreamgesteuerte und hirngewaschene Politikerinnen und Politiker „die Köpfe heiß reden", ohne auch nur im Ansatz erkennen zu lassen, dass gerade sie selbst es sind, die entscheidende Hemmnisse zu einer konstruktiven Problemlösung sind?

Nicht diejenigen, die durch allerlei subtile oder plumpe Rhetorik Menschen verwirren, sondern jene, die klare und zuweilen auch unbequeme Wahrheiten ansprechen, sind es, die es verdienen, gehört zu werden.

Hilf' Dir und Deinen Mitmenschen, zu erkennen, dass es oftmals vor allem solche Leute sind, die im Schatten eines heuchlerischen Pseudo-Verständnisses ihr Unwesen treiben, die auf Kosten einer übergroßen Allgemeinheit eine kollektive Verdummungspolitik betreiben, sie sind es, deren perfide Vernebelungsstrategie offengelegt werden muss!

51. Auch aus Steinen, die einem in den Weg gelegt werden, kann man Schönes bauen.

Johann Wolfgang von Goethe

Sei nicht traurig, wenn Dir das Leben zuweilen Hindernisse in den Weg stellt, sondern betrachte diese vielmehr als Herausforderungen, die Du mutig und zielsicher wirst bestehen können.

Betrachte jedes Hindernis nicht aus einem allzu engen Blickwinkel, sondern ordne es in einen größeren Zusammenhang ein.

Bedenke, dass sich so manches Hindernis, das zunächst als störend, lästig oder bedrohlich von Dir empfunden wird, im weiteren Verlauf als etwas darstellen könnte, aus dem Du neue Zuversicht und neues Glück schöpfen könntest.

Bemüh' Dich aktiv und konsequent um einen differenzierenden Blick auf die Dinge des Lebens.

Es liegt bei Dir, zu entscheiden, ob Du ein sich zeigendes Hindernis als etwas Bedrohliches einschätzt, oder ob Du vielmehr in jedem Hindernis eine neue Chance für Dein persönliches Wachstum erkennst.

Verweile nicht über Gebühr lange bei der Frage warum ausgerechnet Du das eine oder andere Hindernis überwinden sollst, sondern bemüh' Dich stets um kreative Lösungen, die eine vermeintlich negative Erfahrung in eine für Dich positive Erfahrung umwandeln könnten.

Verzage nicht. Sei mutig. Handle jetzt.

52. Kleider machen wohl Leute, aber keine Menschen.

Erich Brock

Mach' Dir bewusst:

Keine noch so edle Kleidung wird aus einem Menschen mit schlechtem Charakter einen solchen machen können, mit dem Du ernsthaft zu tun haben möchtest.

Keine noch so schlechte Kleidung wird aus einem charakterlich wertvollen Menschen einen Lump machen.

Also:

Worauf kommt es schlussendlich an? Darauf, dass Menschen ihren wahren Charakter hinter mehr oder wenig aufwändig gestalteten Kleidern verbergen? Oder eher darauf, dass sich Menschen offen und ehrlich – frei von oftmals aufgezwungenen Kleidervorschriften – begegnen?

Menschen, die weise kommunizieren, werden sich niemals von Äußerlichkeiten blenden lassen.

Menschen, die weise kommunizieren, werden sich stets darum bemühen den wahren Charakter anderer Menschen zu erkennen.

Ob ein Mensch teure Kleidung trägt, oder eher sehr schlicht erscheint, ist dabei letztlich bedeutungslos.

Entscheidend allein ist der wahre Charakter, nicht jedoch die äußerliche Hülle.

53. Die Welt ist voll von Leuten, die Wasser predigen und Wein trinken.

Giovanni Guareschi

Prüfe sorgsam, ob bzw. inwieweit Reden und Handeln Deiner Mitmenschen übereinstimmen.

Lass' Dich nicht vorschnell durch oberflächlich vorgetragene „Wohltaten" irritieren, die immer wieder von Menschen kundgetan werden, sondern prüfe sorgfältig, ob es vermeintlichen Wohltätern primär um die Beseitigung vielfältigster Not geht, oder doch wohl eher oftmals nur um eine plakative und plumpe Befriedigung des eigenen Egos?

Falls Du klare und unzweifelhaft nachweisbare Missverhältnisse zwischen „Schein" und „Sein" feststellst, solltest Du nicht müde werden, diese auch klar und offen zu benennen.

Lass' nicht zu, dass sich z. B. auch in den jährlich stattfindenden sog. Wohltätigkeitsveranstaltungen oftmals Menschen tummeln, die unter einem schäbigen Deckmantel eines pseudomäßig vorgetragenen Interesses vorgeben, Not und Leid anderer Menschen lindern zu wollen, in Wahrheit aber primär doch nur eigene, selbstgefällige Bedürfnisse befriedigen.

Such' bewusst die Nähe zu Menschen, bei denen Reden und Handeln in einem erkennbar ehrlichen und klaren Gleichgewicht sind.

Meide Menschen, die sich nicht selten nur in einem selbst inszenierten Glanz sonnen, denen aber ein wahres Hilfsinteresse eher abzusprechen ist.

54. Fünf Sonnenminuten im Alltag können mehr bedeuten als ein Sonnentag im Urlaub.

unbekannt

Gehörst Du möglicherweise zu den Menschen, die jeweils die Arbeitswochen primär nur mit dem Ziel auf das bevorstehende Wochenende zu überstehen glauben, um dann die Dinge tun zu können, die Deinem Lebensgefühl zu entsprechen vermögen?

Gehörst Du vielleicht zu den Menschen, die den überwiegenden Zeitanteil eines Jahres in einem Job verbringen, der Dir eigentlich gar keine Freude bereitet, und für den das Hauptmotiv des Weiterlebens primär nur noch die sog. Urlaubszeit ist?

Falls Du Dich in einer solchen Beschreibung erkennst, mache Dir bewusst, dass Du den größten Teil Deiner Zeit in einem AutoPilot-Modus verbringst, der in der Konsequenz dazu führt, dass Dir unzählige Momente des Glücks und der Freude im Alltag entgehen, die Du gar nicht mehr konkret wahrnimmst.

Anstatt immer wieder nur auf ein vermeintlich wunderbares Ziel hinzufiebern (z. B. das jeweils nächste Wochenende, der nächste Urlaub), das zudem erfahrungsgemäß oftmals die gesteckten Erwartungen nicht erfüllt, ist es klüger, auf die vielen, vermeintlich kleinen Momente des Glücks und der Freude zu achten, die Dir in unterschiedlichsten Situationen des Alltags begegnen.

Merke: Jeden Tag ein Lächeln ist mehr wert, als nur 30 Tage „Sonnenschein" bei zugleich 330 Tagen „Alltagsgrau".

55. Wer heute nur immer das tut, was er gestern schon getan hat, der bleibt auch morgen, was er heute schon ist.

Leonardo da Vinci

In einer Welt wie der unsrigen, in der sich die Geschwindigkeit des Wandels von Tag zu Tag erhöht, ist es wichtig zu erkennen, dass es einen bis dahin als status quo erlebten Zustand so definitiv nicht mehr gibt.

Je früher Du begreifst, dass – so paradox es auf den ersten Blick auch erscheinen mag - „die Veränderung das einzig Beständige ist", desto besser werden Deine Chancen sein, Dich den fürwahr rasant wechselnden Rahmenbedingungen anzupassen.

Kleb' nicht länger an Ideen und vermeintlich sicheren Strukturen, denen schon längst jegliche Grundlage fehlt.

Richte Dein Denken und Handeln vielmehr danach aus, zu prüfen, wie Du Deine Talente an die sich massiv ändernden Rahmenbedingungen anpassen kannst.

Möchtest Du Deine Situation verbessern, dann verschwende keine unnötige Energie darauf einer „guten, alten Zeit" nachzuhängen, sondern konzentrier' Dein Engagement auf das in Deiner Zeit Machbare.

Der Welt ist es gleichgültig, ob Du Dich und Deine Situation bemitleidest. Werde selbst wieder Kapitän auf Deinem Lebensschiff, und nimm' das Steuer selbst in Deine Hand.

Nur Mut, vertrau' auf Deine Fähigkeiten.

56. Was wir wissen, ist ein Tropfen, was wir nicht wissen, ein Ozean.

Isaac Newton

Was immer Du bisher auch an Wissen angehäuft haben magst, sei gewiss, dass es nur der berühmte „Tropfen auf dem heißen Stein" sein kann.

Bedenke: Im Vergleich zu einer Ameise mag Dir Dein Wissen geradezu astronomisch groß erscheinen. Doch, gemessen an einem grundsätzlichen möglichen Weltwissen, relativiert sich auch Dein vermeintlich gigantisches Wissen im Verhältnis zu dem Wissen einer Ameise dermaßen stark, dass es faktisch kaum mehr messbare Unterschiede gibt.

Möchtest Du wahrhaft klug und weise sein, dann sei Dir stets bewusst, dass auch Du bei all' Deinem Bemühen grundsätzlich und für all' Deine Lebenszeit nur einen geradezu mikroskopisch kleinen Teil des Wissens zur Verfügung haben kannst, das prinzipiell als vorhanden anzunehmen ist.

In dem sicheren Wissen, dass auch Dein Wissen klar massiv beschränkt ist, solltest Du Dich vor allem in kritischen Situationen daran erinnern, dass vermeintlich sicher geglaubtes Wissen u. U. alles andere als sicher sein könnte. Vergiss' das nicht, wenn Du Dich mitunter zu sicher in einer Beurteilung wähnst. Im Lichte neuen, Dir bisher unbekannten Wissens, könnte eine vermeintlich sichere Entscheidung völlig falsch sein.

Übe Dich in Demut und Bescheidenheit. Dann, und nur dann trägst Du u. U. den „Marschallstab eines Weisen" in Deinem Tornister.

57. Aller höhere Humor fängt damit an, dass man seine eigene Person nicht mehr ernst nimmt.

Hermann Hesse

Gehörst Du womöglich zu den Menschen, die grundsätzlich nur über andere Menschen lachen können, niemals jedoch über sich selbst?

Falls ja, dann mache Dir bewusst, dass Du Dich schlussendlich durch nahezu nichts von anderen Menschen unterscheidest.

Nimm' Dich und Deine Person nicht über Gebühr ernst, sondern bemüh' Dich darum herauszufinden, dass letztlich alle Menschen nach elementaren Dingen des Lebens lechzen, die sie – mehr oder weniger erfolgreich – in ihrem Leben realisieren.

Stell' Dich nicht selbst auf einen hohen Sockel, sondern mache Dir bewusst, dass auch Du letztlich nur ein winziges „Staubkörnchen" in den schier unendlichen Weiten unseres Universums bist.

Ganz gleich, ob Du im weltlichen Luxus lebst, oder ob Du Dein Leben bisher auf der Schattenseite des Lebens zubringst, schlussendlich verlieren sich alle vermeintlichen Unterschiede im Nichts. Vergiss' das niemals!

Spüre die Kraft, die davon ausgehen kann, Dich selbst nicht so wichtig zu nehmen, und gönn' Dir den Spaß Dich und Deine „Macken" als zutiefst menschlich wahrzunehmen. Stark bist Du nur dann, wenn Du auch über Dich selbst lachen kannst.

58. Verzage nicht! Vielleicht ist das Unglück die Quelle deines Glücks.

Menander

Falls Du in Deinem Leben Situationen erlebst, die Du zunächst als Unglück wahrnimmst, dann denk' daran, dass es zuweilen gerade solche Situationen vermeintlichen Unglücks sein könnten, die sich im weiteren Verlauf Deines Lebens als Quelle Deines Glücks herausstellen könnten.

Zugegeben, dies zu akzeptieren, mag – je nach Schweregrad eines erlebten Unglücks – kaum oder zunächst gar nicht möglich erscheinen.

Dennoch ist es wahr, dass immer mal wieder unglückliche Situationen einen Ausgangspunkt für zukünftiges Glück darstellen können.

Vergiss' das bitte niemals, denn es gilt ganz sicher auch für Dich und Dein Leben.

Bemüh' Dich ehrlich darum zu verstehen, dass ein erlebtes Unglück – aus einer höheren Warte betrachtet – sehr wohl hilfreich und nützlich für Dein zukünftiges Glück sein könnte.

In Situationen, während denen Du traurig bist, solltest Du Dich daran erinnern, dass der Leitsatz „Die Zeit heilt alle Wunden" - so schwierig er mitunter auch zu akzeptieren sein mag – schlussendlich richtig und zielführend ist.

Merke: Glück und Unglück sind zwei Seiten ein und derselben Medaille.

59. Der alte Grundsatz "Auge um Auge" macht uns schließlich alle blind.

Martin Luther King

Sieh' Dich um auf dieser Welt, und Du wirst überall erkennen, dass dieser im Kern kranke und destruktive Denkansatz des „Auge um Auge" nicht weniger, sondern fortwährend mehr Leid schafft.

Folglich ist es weder sachdienlich, noch zu verantworten, dass mitunter schon Kinder mit einem derart zerstörerischen Gedankengut infiltriert werden.

Die Zeit ist überreif, nach konstruktiven Wegen Ausschau zu halten, die ein Verständnis der Menschen untereinander fördern.

Eher trennende Ansätze, wie sie nicht zuletzt in manchen Religionen propagiert und praktiziert werden, sind im Ansatz kontraproduktiv und destruktiv zugleich.

Ein – aus welchen Gründen auch immer – begangenes Unrecht kann grundsätzlich und niemals durch einen Denkansatz gerächt werden, der in dem destruktiven Gedankengut einer „Auge um Auge"-Strategie zum Ausdruck kommt.

Allein der ehrliche und offene Wille zum wechselseitigen Verständnis kann und wird perspektivisch dazu beitragen können, dass sich eine sprichwörtlich „geisteskranke" Idee eines „Auge um Auge" ad absurdum geführt haben wird.

Unrecht lässt sich niemals durch weiteres Unrecht beseitigen!

60. Bemühe dich nicht um viele schöne Worte, wenn du mit einer kleinen Geste mehr sagen kannst.

unbekannt

Es gibt Menschen, die oftmals gar nicht merken, dass sie sich in nicht selten schier endlosen Worthülsen verlieren, indem sie andere Menschen zutexten.

Getreu dem Motto: „Es gibt nichts Gutes, außer Du tust es", ist es zumeist hilfreicher, wenn Du Menschen im Rahmen Deiner Möglichkeiten tatkräftig unterstützt.

Damit ist keineswegs gemeint, dass es sich bei solchen Hilfen immer und automatisch um materielle Hilfen handelt. Vielmehr sind es oftmals die vermeintlich kleinen Gesten gelebter Achtsamkeit, mit denen Du anderen Menschen gegenüber signalisierst, dass Du sie wahrnimmst bzw. dass Du sie unterstützen möchtest.

Jeder Mensch, der aufmerksam durch diese in weiten Teilen so kranke Welt geht, wird unzählige Beispiele dafür finden, dass es vielen Menschen weniger an materiellen Gütern mangelt, sondern vielmehr an menschlicher Zuwendung.

Ein freundlicher Gruß in der Nachbarschaft, eine aktive Hilfe für ältere Menschen im Rahmen alltäglicher Besorgungen und vieles mehr, alles das sind Gelegenheiten, die Du mit verhältnismäßig wenig Aufwand nutzen solltest, um unsere Gesellschaft wieder ein wenig menschenfreundlicher zu gestalten.

Du musst nicht immer sogleich große Reden schwingen, sondern oftmals sind es die vermeintlich kleinen Aufmerksamkeiten, die wirken.

61. Der meistbeschäftigte Mensch hat am meisten Zeit für alles, was er ernsthaft will! Nur die Willensschwachen haben nie Zeit.

Hans Josef Sachs

Hast Du Dich auch schon des Öfteren sagen hören, dass Du „keine Zeit" hast?

Falls ja, dann solltest Du einmal selbstkritisch darüber nachdenken, ob eine solche Aussage auch bei Dir – wie bei vielen anderen Menschen – ehrlicherweise nicht besser lauten sollte, dass Du zur Erledigung einer Aufgabe x „keine Lust hast".

Erfahrungsgemäß ist es nämlich in den wenigsten Fällen so, dass Menschen objektiv „keine Zeit" zur Erledigung einer Aufgabe x haben; vielmehr fehlt oftmals die Motivation zur Erledigung einer Aufgabe x.

In Deinem eigenen Interesse solltest Du selbstkritisch hinterfragen, ob Du des Öfteren „keine Zeit" hast, weil Du ggf. ein mangelhaftes Zeitmanagement betreibst, oder ob es nicht meist eher so ist, dass Du schlichtweg „keine Lust" verspürst eine Aufgabe x anzugehen?

Im ersten Fall solltest Du Dich darum bemühen ein effektiveres Zeitmanagement zu betreiben.

Im zweiten Fall wäre es hilfreich, zu ergründen, welche ehrlichen Gründe es geben könnte, die Dich häufiger sagen lassen, Du habest „keine Zeit", obwohl Du eigentlich meinst, dass Du „keine Lust" hast.

Sei ehrlich zu Dir und Deinen Mitmenschen. Es hilft sowohl Dir als auch den anderen.

62. Wer auf Grund seines Reichtums und seiner Ehrenstellung einen höheren Rang einnimmt, ist nicht groß. Warum erscheint er aber als groß? Weil man ihn mit dem Sockel misst.

Seneca

Vergiss' bei aller möglichen Bewunderung für den Reichtum oder eine Ehrenstellung eines Menschen niemals, dass es schlussendlich nicht der Verdienst des betreffenden Menschen ist auf einen „Sockel gehoben" worden zu sein.

Vielmehr ist es ein unverdientes Geschenk, dass der betreffende Mensch – nach menschlichem Ermessen – im Reichtum leben darf.

Kein Mensch, auch Du, wurde jemals gefragt, ob bzw. unter welchen Rahmenbedingungen er in diese Welt hat kommen wollen.

Kein Mensch, auch Du, konnte sich sein Lebensumfeld aussuchen, in dem er aufgewachsen ist.

Folglich ist zu berücksichtigen, dass Reichtum und Ehrenstellung letztlich kein Verdienst, sondern vielmehr ein Geschenk sind, so dass es keinen ernsthaften Grund dafür gibt, dass Du vor solchen Menschen in Ehrfurcht erstarrst.

Wahrhaft „große Menschen" werden – so sie denn in den unverdienten Genuss von Reichtum kommen – bescheiden und demütig agieren, in dem Bewusstsein, dass sie ihren Reichtum und ihre Ehrenstellung nicht zur Befriedigung des eigenen Egos, sondern zur Mehrung des Gemeinwohls nutzen.

63. Anerkennung braucht jedermann. Alle Eigenschaften können durch eine tote Gleichgültigkeit der Umgebung zugrunde gerichtet werden.

Karl Immermann

Zu den schlimmsten und destruktivsten Dingen, die Menschen anderen Menschen antun können, gehört eine fortgesetzte – oftmals sogar bewusst praktizierte – Gleichgültigkeit.

Gleichgültigkeit, insbesondere dann, wenn sie systematisch betrieben wird, entfaltet perspektivisch höchst destruktive Kräfte.

Gleichgültigkeit den Sorgen und Nöten anderen Menschen gegenüber zermürbt Menschen; langsam, aber sicher.

Gleichgültigkeit erzeugt menschliche Kälte, und führt perspektivisch dazu, dass das gesellschaftliche Klima immer unterkühlter und unmenschlicher wird.

Kinder und Jugendliche, die fortgesetzte Gleichgültigkeit in ihrem nächsten Umfeld erleben, tragen meiste eine dauerhafte Last während ihres gesamten Lebens mit sich.

Gleichgültigkeit erzeugt Traurigkeit, Missmut sowie oftmals auch Wut und Gewalt.

Merke: Wehret den Anfängen. Schenk' Deinen Mitmenschen die ihnen wohltuende und zugleich notwendige Aufmerksamkeit. Das hilft Dir, den anderen und schlussendlich der gesamten Welt.

64. Einfachheit ist das Resultat der Reife.

Friedrich von Schiller

Getreu dem Leitsatz „Ein wahrer Wissenschaftler ist derjenige, dem es gelingt, komplexe Sachverhalte in eine Sprache zu kleiden, die auch von einfachen Menschen verstanden werden kann", solltest Du bitte stets daran denken, dass das vermeintlich Einfache das wahrhaft Besondere ist.

Nicht diejenigen, die eine nicht selten bewusst verkomplizierende Sprache verwenden, sind es, die als „reif" zu bezeichnen sind, sondern vielmehr solche Menschen, denen es gelingt, den jeweiligen Wesenskern einer zu beschreibenden Sache in eine Form zu kleiden, die für alle Menschen nachvollziehbar und verständlich ist.

Verwirrung entsteht meist dann, wenn Sachverhalte, die im Prinzip sehr einfach zu erklären wären, teils bewusst, teils unbewusst verkompliziert werden, so dass es schlussendlich kaum mehr möglich ist, den jeweiligen Wesenskern zu erkennen.

Menschen, die komplexe Sachverhalte klar und einfach zu kommunizieren vermögen, haben einen langen und erfolgreichen Reifeprozess durchlaufen, der es ihnen ermöglicht, komplexe Themen einfach und allgemeinverständlich zu transportieren.

Ein wahrer Meister in dieser Disziplin war der leider viel zu früh verstorbene Wissenschaftsjournalist, Prof. Dr. Hoimar von Ditfurth, der sich zeitlebens erfolgreich darum bemühte, komplexe Sachverhalte einfach und klar darzustellen.

65. Wer wirklich Autorität hat, wird sich nicht scheuen, Fehler zuzugeben.

Bertrand Russell

Hast Du Dich womöglich auch schon dabei ertappt, dass Du einen begangenen Fehler anderen Menschen gegenüber zu leugnen versuchst, obwohl Dir sehr bewusst ist, dass Du einen Fehler begangen hast?

Falls ja, dann frag' Dich, was Dich davon abhält, offen und unumwunden einzugestehen, dass Du einen Fehler gemacht hast? Ist es vielleicht die Angst vor einer möglichen Strafe? Fürchtest Du um Dein Ansehen?

Was immer es auch sein mag, so sei gewiss: Wahre Autorität gewinnst Du niemals durch Feigheit und Vertuschung, sondern einzig durch Aufrichtigkeit, Glaubwürdigkeit und Authentizität.

Sei Du selbst, steh' zu Deinen Fehlern, und verschwende keine unnötige Kraft, indem Du offenkundige Fehler zu leugnen oder zu vertuschen versuchst.

Respekt und Achtung Deiner Mitmenschen wirst Du erfahren, wenn Du auch und gerade dann zu Dir und Deinen Taten stehst, die Dir womöglich unangenehm erscheinen mögen.

Fehler zu begehen, ist menschlich. Fehler bewusst zu leugnen oder zu vertuschen, ist menschlich verständlich, aber feige. Fehler offen und frei einzugestehen, zeugt von menschlicher Größe. Entscheide selbst, wer Du sein möchtest?

66. Keiner hat mich gefragt ob ich leben will, also sagt mir auch nicht, wie ich zu leben habe!

unbekannt

Kein Mensch, auch Du nicht, wurde vorab gefragt, ob bzw. unter welchen konkreten Umständen er in diese Welt „geworfen" werden möchte?

Falls Du zu den Menschen gehörst, denen das unverdiente Glück zuteil geworden ist in einem Umfeld aufwachsen zu dürfen, das vielfältigste und hilfreiche Entwicklungschancen geboten hat, dann sei dankbar für dieses unverdiente Geschenk.

Schau' nicht verächtlich auf Menschen herab, denen dieses Glück nicht gegönnt ist, und die von daher einen Lebensweg haben einschlagen müssen, der sich womöglich sehr deutlich von Deinem eigenen unterscheidet.

Unterliege bitte nicht dem Denkfehler, Wächter des Universums sein zu müssen, der andere Menschen an allen Ecken und Enden zu bevormunden müssen glaubt. Nein, das musst Du auf gar keinen Fall!

Bedenke, dass „Ratschläge" auch automatisch immer etwas mit „Schlagen" zu tun haben. Es besteht ein grundsätzlicher Unterschied, ob Du anderen Menschen etwas empfehlen möchtest, was aus Deiner Sicht gut und richtig ist, und einem oftmals ungewollten Erteilen von Ratschlägen, von denen sich andere Menschen mitunter aus sehr verständlichen Gründen „überfahren" fühlen. Bedenke, dass jeder Mensch – so auch Du – eine höchst subjektive Weltsicht hat, die nicht automatisch richtig sein muss. Handle demütig und bescheiden.

67. Wir warten unser Leben lang auf den außergewöhnlichen Menschen, statt die gewöhnlichen um uns her in solche zu verwandeln.

Hans Urs von Balthasar

Verschwende nicht Deine wertvolle Zeit, indem Du Dein Leben lang auf einen außergewöhnlichen Menschen wartest, sondern arbeite tatkräftig und konsequent daran, dass es auf dieser Welt sehr viel Menschen gibt, denen Du das Attribut „außergewöhnlich" verleihen könntest.

Mach' Dir bewusst, dass in jedem Menschen – mehr oder weniger stark ausgeprägt – eine Vielzahl guter Eigenschaften schlummern, die oftmals nur darauf warten, entdeckt und gefördert zu werden.

Hilf' mit, dass Menschen die ihnen gegebenen Talente und guten Charaktereigenschaften entdecken, und diese zum eigenen Wohl und zum Gemeinwohl einbringen werden.

Entdecke das Außergewöhnliche im Gewöhnlichen. Eine intensive und offene Suche vorausgesetzt, wirst Du sicher viele erfreuliche Erfahrungen machen können.

Bedenke, nicht jeder Mensch kann und muss ein „Einstein" sein, um als außergewöhnlich zu gelten.

Schau' nicht primär auf das plakativ Außergewöhnliche, sondern suche das Besondere und Wertvolle vor allem in Deinem Alltag.

Hast Du schon einmal daran gedacht, dass Du selbst für andere Menschen „außergewöhnlich" bist?

68. Frieden kannst du nur haben, wenn du ihn gibst.

Marie von Ebner-Eschenbach

Mach' Dir bewusst: Ganz gleich, ob Du Dich als religiösen oder als nicht-religiösen Menschen siehst, so wird der vermutlich auch bei Dir vorhandene Wunsch nach Frieden nur dann Wirklichkeit werden, wenn Du ihn schon im Kleinen konsequent und praktisch zu leben versuchst.

Erkenne: Es hat keinen Sinn, einerseits Frieden im großen Stil zu fordern, andersseits aber schon in Deinem unmittelbaren Umfeld friedlos zu leben.

Alles ist mit allem verbunden. Von daher bedenke, dass sich ein so großes und lobenswertes Ziel wie der Weltfrieden nur dann realisieren lässt, wenn jeder Mensch – so auch Du – schon im Alltag bewusst und konsequent Frieden schenkt.

Gib' Dir und Deinen Mitmenschen eine faire Chance, praktisch zu erleben, dass sich viele kleine „Puzzlesteine alltäglichen Friedens" zu einem großen Ganzen, sprich zum angestrebten Weltfrieden zusammenfügen lassen.

Es ist möglich, vorausgesetzt, jeder Mensch bemüht sich ernsthaft und ehrlich darum, Frieden im eigenen Umfeld zu schaffen.

Achte darauf, dass Deine Gedanken friedfertig sind, denn sie sind der „Schlüssel" zum großen Ziel des Weltfriedens. Fördere Verständnis und Liebe, nicht Verwirrung und Hass!

69. Viele kleine Leute an vielen kleinen Orten, die viele kleine Dinge tun, werden das Angesicht der Erde erneuern.

Aus Afrika

Nicht zuletzt mit Blick auf aktuelle Krisen unserer Zeit, die sich bedrohlich zuspitzen, zeigt sich, dass es schon längst nicht mehr große und vermeintlich mächtige Organisationen sind, die unsere Welt vor dem Abgrund zu retten vermögen, sondern vielmehr viele kleine, vermeintlich schwache Personen und Gruppen sind es, die sich gegen einen schon längst übermächtig gewordenen, globalen Kollektivwahnsinn zur Wehr setzen.

Entgegen immer wieder zu hörenden und zu lesenden Beschwichtigungen „entscheidender" Leute und Gruppen (z. B. Regierungen), dass sie sich doch dem Gemeinwohl verpflichtet fühlen, wird von Tag zu Tag deutlicher, dass schon längst nur noch eine verschwindend geringe Minderheit offenbar ein zunehmend grausames und perverses „Spiel" ‚mit der ganzen Welt zu spielen versucht.

Sei wachsam, und lass' Dich nicht von noch so schön klingenden Beschwichtigungen irritieren, sondern nutze die Möglichkeiten eines schier endlosen Informationspools im Internet, so lange es noch geht.

Mache Dir bewusst, dass sämtliche von Dir bisher als sicher wahrgenommenen Strukturen mitunter sehr schnell wie ein Kartenhaus zusammenbrechen werden, und bemüh' Dich rechtzeitig um einen fundamentalen Kurswechsel, der Dich möglichst autark werden lässt.

70. Glücklich, wer mit den Verhältnissen zu brechen versteht, bevor sie ihn gebrochen haben.

Franz Liszt

Gehörst auch Du zu den Menschen, die immer wieder darüber klagen, dass so vieles auf dieser Welt stets schlechter geworden ist?

Falls ja, dann frag' Dich einmal selbstkritisch, ob bzw. was Du konkret bisher unternommen hast, um die von Dir beklagten Umstände zu verbessern?

Sei klug, und unterscheide sorgsam zwischen den Dingen, die Du mit den Dir gegebenen Möglichkeiten ändern kannst, und solchen, zu deren Veränderung Du die Mithilfe anderer Menschen benötigst.

Dinge, die Du selbst ändern kannst, solltest Du aktiv und mutig ändern. Dinge, die Du nicht allein ändern kannst, lassen sich oftmals ändern, indem Du Dir geeignete Mitstreiter suchst, die Dich und Deine Ideen konstruktiv unterstützen möchten. Es gibt sie, Du musst sie nur aktiv suchen.

Ärgere Dich nicht über Verhältnisse, zu deren positiver Veränderung Dir die Mittel derzeit nicht gegeben sind. Dadurch verschwendest Du nur unnötig Deine Kraft, die Du an anderer Stelle sehr viel effektiver einsetzen könntest.

Lass' nicht zu, dass Dich ungerechte Verhältnisse brechen, sondern sorge nach Möglichkeit aktiv für positive Veränderungen. Oftmals hilft es schon, dass Du Deine Bewertung wahrzunehmender Verhältnisse bewusst positiv für Dich umdeutest.

71. Das Wort Zufall ist Gotteslästerung. Nichts unter der Sonne ist Zufall.

Gotthold Ephraim Lessing

Wisse: Zufall, in dem Sinne, wie dieser Begriff wohl von den meisten Menschen verstanden wird, gibt es de facto nicht.

Daran ändern auch keine vermeintlich plausiblen Erklärungen aus der Quantenphysik etwas, die suggerieren, es gäbe nur noch „Wahrscheinlichkeiten" mit denen gerechnet werden könne, so dass es eben doch so etwas wie „Zufall" geben könne.

Nein, Zufall gibt es de facto nicht, denn die zunächst logisch erscheinenden Erklärungen der Quantenphysik unterschlagen – bewusst oder unbewusst – die durchaus ernstzunehmende Idee der Mehrdimensionalität, so dass sich das weit verbreitete Verständnis eines Zufallbegriffs im Nichts verlieren könnte.

Bedenke, dass es elementar und grundsätzlich eine „Frage des Blickwinkels" ist, ob ein Mensch eher der Vorstellung zuneigt, es gebe „Zufall" tatsächlich, oder ob er vielmehr den Gedanken der Mehrdimensionalität favorisiert, der dann zu der Erkenntnis führt, dass es „Zufall" schlussendlich nicht gibt.

Möchtest Du das große Ganze verstehen, dann löse Dich aus Deinem bisher womöglich zu „engen Kokon massiv eingeschränkten Denkens", das Dir bisher suggeriert hat, außerhalb Deiner unmittelbaren Wahrnehmung gäbe es nichts weiter. Das ist ein großer Irrtum, dem Du nicht länger erliegen solltest.

72. Wer, wenn nicht wir? Wann, wenn nicht jetzt?

unbekannt

Hast Du Dich vielleicht auch schon dabei ertappt, dass Du bei auftretenden Problemen unterschiedlichster Art schnell mit dem Finger auf andere Menschen zeigst?

Ist Dir schon einmal aufgefallen, dass womöglich Du selbst nichts bzw. kaum etwas aktiv dazu beiträgst, Missstände, die zu recht beklagt werden, konkret zu beseitigen?

Falls dies auch auf Dich zutreffen sollte, befindest Du Dich in „guter" Gesellschaft. Warum? Nun, nicht zuletzt aus der psychologischen Forschung wissen wir, dass es ein weit verbreitetes Phänomen ist, dass viele Menschen die Verantwortung nur zu gern von sich weisen.

Bedenke, wir alle, so auch Du, sind Bestandteil einer Gesellschaft, die an unterschiedlichsten Stellen bedenkliche Trends aufweist, die auch Du vermutlich oftmals zu recht beklagst.

Um konstruktive Verbesserungen zu erreichen, ist es elementar wichtig, dass jeder, so auch Du, seinen Teil aktiv dazu beiträgt.

Mache Dir bewusst: Ein permanentes Klagen und Jammern über so allerlei bedenkliche Zustände trägt nicht zur Lösung bei. Vielmehr ist es wichtig, dass Du selbst aktiv wirst. Du bist Bestandteil eines größeren Ganzen. Insofern trägt auch Dein Handeln dazu bei positive Veränderungen auf den Weg zu bringen.

Jetzt!

73. Der Edle sieht bei einer Gabe auf die Gesinnung des Gebers, nicht auf den Wert der Gabe.

Plutarch

Bist Du beschenkt worden, dann sieh' nicht auf den materiellen Wert einer Gabe, sondern vielmehr auf die Gesinnung des schenkenden Menschen.

Bedenke: Das kleinste, materiell kaum wertvolle Geschenk eines Menschen, der Dich mit Freude und Herzlichkeit beschenkt, ist um Größenordnungen wertvoller als ein materiell sehr teures Geschenk eines Menschen, für den dieses Geschenk materiell ohne Bedeutung ist, dem Du menschlich nichts oder nur wenig bedeutest.

Also: Nicht der materielle Wert eines Geschenks ist von Bedeutung, sondern vor allem die Gesinnung des schenkenden Menschen.

So sind beispielsweise 10 Cent eines armen, arbeitslosen Menschen, die dieser für den Besuch eines Kirchenkonzertes spendet, ungleich wertvoller, als z. B. 50 € eines finanziell wohlhabenden Menschen, der nicht einmal spürt, dass er 50 € ausgegeben hat.

Schau' also bitte nicht primär auf die materiellen Werte einer Gabe, sondern versuch' zu verstehen, dass letztlich die zugrundeliegende Motivation einer Gabe ungleich bedeutsamer ist.

Hast Du schon einmal daran gedacht, dass auch „ein gutes Wort" möglicherweise äußerst wertvoll für einen Menschen sein kann, der sich in Not befindet?

74. Ein Freund ist besser als zehn Verwandte.

Talmud

Verwandte kannst Du Dir nicht selbst aussuchen. Sie werden Dir und Deinem Leben zugeordnet; ob Du magst, oder nicht.

Freunde dagegen kannst Du Dir selbst auswählen.

Es mag sein, dass aus Verwandten auch Freunde werden können; das wird aber eher selten der Fall sein.

Freunde hingegen werden Dich und Deine Interessen mitunter sehr viel besser verstehen können, da sie sich – im Gegensatz zu Verwandten – freiwillig auf eine Freundschaft mit Dir einlassen können, und von daher meist ungezwungener und zuweilen auch ehrlicher mit Dir umgehen können.

Lass' den sehr wertvollen Begriff „Freund" nicht dadurch entwerten, indem Du einen unreflektierten und inflationären Gebrauch – um nicht zu sagen „Missbrauch" - betreibst, wie er beispielsweise oftmals im Zusammenhang mit sozialen Netzwerken (z. B. Facebook) zu beobachten ist.

Ein wahrer Freund ist ein Geschenk für Dein Leben, das Du stets achtsam und sorgsam hegen und pflegen solltest.

Übrigens: Die Qualität einer Freundschaft bemisst sich nicht zwangsläufig nach der Frequenz erlebter Kontakte, sondern vor allem nach der inhaltlichen und menschlichen Tiefe, die Freunde wechselseitig wahrnehmen können.

75. Man sollte niemals zu einem Arzt gehen, ohne zu wissen, was dessen Lieblingsdiagnose ist.

Henry Fielding

Gehörst vielleicht auch Du zu den Menschen, die einem Arzt schon allein deshalb eine hohe Kompetenz zusprechen, weil dieser einen weißen Kittel trägt?

Dann sei gewiss: In jeder Berufsgruppe – so auch bei Ärzten – gibt es ein weites Qualitätsspektrum. Wenigen sehr guten Ärzten steht ein großes Heer durchschnittlicher Ärzte sowie auch solche Ärzte gegenüber, die nur mangelhafte Leistungen anbieten.

Überraschend ist dies keineswegs, wird aber leider nur zu oft vergessen, da noch immer viele Menschen das Tragen eines weißen Kittels automatisch mit guter Qualität assoziieren. Das kann zwar so sein, muss es aber nicht.

Sei klug, und prüfe sorgsam, in wessen Hände Du Dich im Rahmen einer Behandlung begeben möchtest; insbesondere dann, wenn es sich um eine Krankheit handelt, die sich durch eine hohe Komplexität auszeichnet.

Prüfe sorgsam, ob Du einen Arzt vor Dir hast, der primär nur sein Bankkonto auffüllen möchte, oder ob Du einem Menschen begegnest, der vor allem Dich in Deiner Not als Mensch wahrnimmt?

Hol' Dir vorab Referenzen ein, und prüfe, ob Du es mit einem Arzt zu tun hast, der sog. Lieblingsdiagnosen stellt, oder ob es ein Arzt ist, der erkennbar zu einer differenzierten Diagnose befähigt ist?

76. Wo zu viel zu sehen ist, sehen wir nichts.

Georg Christoph Lichtenberg

In einer Zeit wie der unsrigen, die Menschen immer häufiger mit unzähligen Reizen verschiedenster Art überflutet, haben viele Menschen verlernt, wichtige und wesentliche Details wahrzunehmen.

Optische Reize, akustische Reize usw. prasseln tagein, tagaus auf Menschen ein. Viele davon sind nahezu unvermeidlich; andere dagegen sehr wohl schon.

Schon kleine Kinder werden nicht selten mit einer gigantischen Medienmaschinerie zugeschüttet, die menschliche Gehirne empfindlich überfordert.

Bedauerlicherweise wird diese mediale Umweltverschmutzung von vielen Menschen schon gar nicht mehr bewusst wahrgenommen. Vielmehr klagen immer mehr Menschen über eine mehr oder weniger diffuse Erschöpfung, die nicht selten ursächlich aus einem deutlich zu unkontrollierten Medienkonsum resultiert.

Gönn' Dir und Deinen Mitmenschen bewusst regelmäßig Inseln der Ruhe und Beschaulichkeit.

Verzichte bewusst des Öfteren auf einen schon gewohnheitsmäßigen Medienkonsum, der perspektivisch u. a. dazu führt, dass Deine Sinne abstumpfen.

Lass' Dich nicht permanent berieseln, sondern lies' besser gute Bücher, die Deinen Geist anregen.

77. Arbeitswut ist nur der Versuch, den eigenen Problemen auszuweichen.

Erwin Ringel

Gehörst Du eventuell zu den Menschen, die primär weder aus Gründen des Broterwerbs, noch aus Freude arbeiten, sondern vielmehr deshalb, um durch möglichst viel Arbeit Ablenkung zu erfahren; Ablenkung von Deinen eigenen Problemen?

Falls ja, dann solltest Du Dich zunächst einmal selbstkritisch fragen, warum Du Dich durch Deine Arbeitswut von Deinen Problemen ablenken möchtest, und um welche Art Probleme es sich dabei handelt?

Je nach Schweregrad wirst Du diese Frage nicht ohne professionelle Hilfe beantworten können. Scheu' Dich nicht, fremde Hilfe anzunehmen.

Fortgesetzte Arbeitswut, die durchweg Ausdruck einer zutiefst ungesunden Lebensweise ist, führt über kurz oder lang zu unterschiedlich stark ausgeprägten Beschwerden. Beginnend bei mehr oder weniger diffusen psychosomatischen Beschwerden, bis hin zum immer häufiger diagnostizierten Burnout, gibt es eine weite Palette kritischer Konsequenzen.

Sei klug, und stell' Dich Deinen Problemen. Das wird perspektivisch sehr viel effektiver und besser sein, als dass Du durch eine sich schleichend aufbauende Arbeitswut etwas zu übertünchen versuchst, das Dich und Dein Leben systematisch in ein für Dich ungünstiges Fahrwasser bringt.

Probleme verschwinden niemals durch Ignoranz!

78. Vergangenheit ist Geschichte, Zukunft ist Geheimnis, aber jeder Augenblick ist ein Geschenk.

unbekannt

Ertappst Du Dich vielleicht dabei, dass der überwiegende Teil Deiner Gedanken nur noch rückwärts gewandt ist?

Kommunizierst Du vorwiegend in der Vergangenheitsform?

Grämst Du Dich über Dinge, die in der Vergangenheit liegen?

Dann mache Dir bewusst: Die Vergangenheit wirst Du nicht mehr ändern können. Verschwende keine unnötige Kraft darauf.

Kommunizierst Du vorwiegend in der Zukunftsform, so nach dem Motto: „Wenn erst einmal x erreicht ist, dann kann ich endlich y machen..."?

Dann mache Dir bewusst, dass Du vor lauter Zukunftsgedanken das Leben im Hier und Jetzt verpasst.

Du kannst weder die Vergangenheit ungeschehen machen, noch kannst Du wissen, was die Zukunft für Dich im Gepäck haben wird. Das Einzige, was Du aktiv und konkret mitgestalten kannst, ist die Gegenwart.

Also: Lebe im Hier und Jetzt. Sorge Dich nicht, lebe. Jetzt. Verschwende keine unnötige Kraft mit Tatsachen, die Du nicht mehr ändern kannst bzw. mit solchen Geschehnissen, die Du noch nicht kennst.

79. Ist die Zeit das Kostbarste unter allem, so ist Zeitverschwendung die allergrößte Verschwendung.

Benjamin Franklin

Zu den wundersamsten und bedeutendsten Dingen unserer Welt gehört sicher die Zeit.

Hast Du schon einmal ernsthaft darüber nachgedacht woher die Zeit kommt, was die Zeit eigentlich ist und wie sie mit Dir und Deinem Leben offenbar unauflöslich verknüpft ist?

Entgegen einigen phantastisch anmutenden Science-Fiction-Geschichten, in denen Zeitreisen durchgeführt werden können, sagt uns die Physik, dass eine Umkehr des Zeitpfeils – also das Reisen in die Vergangenheit – grundsätzlich unmöglich sei.

Zeit lässt sich grundsätzlich nur vorwärts leben; niemals rückwärts. Oder hast Du – abgesehen von Tricks in der Filmtechnik – schon einmal beobachtet, dass sich eine heruntergefallene Vase durch eine Umkehr der Zeit wieder in ihren heilen Ausgangszustand zurückversetzen hat lassen?

Sei Dir bewusst, dass die Dir geschenkte Zeit überaus kostbar ist. Wie immer Du es auch anstellen magst, so wird es Dir nicht gelingen, gelebte Zeit umzukehren.

Nutze jede Stunde möglichst bewusst, und vergiss' nicht, dass es kein zeitliches Zurück gibt.

Entrümple Deine Leben von allen unnützen Zeitfressern, und setze Deine Zeit möglichst klug ein.

80. Geld ist eine neue Form der Sklaverei.

Leo Tolstoi

Ursprünglich als sinnvolles und leicht zu handhabendes Tauschmittel gedacht, hat sich Geld längst zu einem unheilvollen Krebsgeschwür unserer Welt entwickelt, das mehr und mehr Menschen mit einer geradezu teuflischen Systematik in den Abgrund reißt.

Geld ist längst zum Selbstzweck mutiert, und erfüllt in weiten Teilen nicht mehr den Zweck, für den es ursprünglich gedacht war.

Geld und Gier hängen offenbar ursächlich zusammen. Die Gier nach immer mehr Geld zeigt von Tag zu Tag deutlicher, dass sie zunächst einige wenige, dann immer mehr Menschen in einen unheilvollen Abwärtsstrudel zieht, der längst eine beängstigende Eigendynamik entwickelt hat.

Eine immer absurder werdende Bedeutung, die viele Menschen dem Geld beimessen, geht einher mit einem immer schneller schwindenden Gefühl von Menschlichkeit.

Sehr viele Menschen sind bereits zu geldgeilen und zunehmend skrupellosen Sklaven ihrer eigenen Gier degeneriert, deren primäres Interesse oftmals nur noch darin besteht, noch mehr Geld anzuhäufen, um dadurch überflüssige Dinge kaufen zu können, die ihre menschliche Leere zu kaschieren versuchen.

Kehrt um, und befreit Euch aus dieser modernen Form der Sklaverei, die Euch und die Welt in den Abgrund reißen wird!

81. Wir müssen die Bildungspolitik in Ruhe wie eine Pflanze wachsen lassen. Wir dürfen sie nicht alle vierzehn Tage ausbuddeln, um zu sehen, welche Wurzeln sie geschlagen hat.

Werner Remmers

Zu den wichtigsten und zugleich schwierigsten Aufgaben, die unsere Gesellschaft zu lösen hat, gehören Bildung und Erziehung.

Bedauerlicherweise ist schon seit geraumer Zeit zu beobachten, dass unverhältnismäßig viel Zeit und Energie darauf verschwendet wird immer wieder neue, vermeintlich sinnvolle Konzepte auf Kosten von Kindern und Jugendlichen zu testen.

Nicht selten zeigt sich, dass es bei solchen Tests oftmals primär um die Befriedigung des Egos sog. „Experten" geht, als darum, einen konstruktiven und sinnvollen Lernrahmen zu schaffen.

Hilf bitte mit, zu verhindern, dass stets neu propagierte Konzepte an Kindern und Jugendlichen getestet werden, anstatt endlich Zeit und Engagement darauf zu konzentrieren, dass unsere Schulen wieder ein Ort konstruktiven und effektiven Lernens werden.

Erfolgreiche Bildungspolitik benötigt Zeit zur Entfaltung, und darf nicht permanent durch oftmals unsinniges Störfeuer sog. Bildungsexperten im Keim erstickt werden.

Man denke beispielsweise nur einmal an den haarsträubenden Irrsinn im Zusammenhang mit neuen Methoden des „Schreiben Lernens" in Grundschulen.

82. Viele, die ihrer Zeit vorausgeeilt waren, mussten auf sie in sehr unbequemen Unterkünften warten.

Stanislaw Jerzy Lec

Lass' Dich nicht davon irritieren, dass Du mit Deinen nicht mainstreamkonformen Denk- und Verhaltensweisen auf vielfältigen Widerstand anderer Menschen stößt.

Sei und bleibe authentisch in dem was Du denkst und in der Art und Weise wie Du handelst.

Widerstand, den Du seitens anderer Menschen spürst, signalisiert oftmals, dass Du womöglich Themen ansprichst, mit denen andere Menschen lieber nichts zu tun haben möchten, da sie dann erkennen und zugeben müssten, dass sie nur zu oft ignorant und feige Augen und Ohren vor offensichtlichen Missständen verschließen.

Je heftiger der Dir gegenüber vorgetragene Widerstand ist, um so wahrscheinlicher wird es sein, dass Du mit Deinen Ideen und Verhaltensweisen „ins Schwarze getroffen" haben könntest.

Bleib' beharrlich und konsequent ehrlich in dem, was Du tust.

Sei Dir bewusst, dass es mitunter ein weiter und frustrierender Weg sein kann, andere Menschen von der Richtigkeit Deiner Ideen zu überzeugen.

Verzage nicht, wenn Dein Engagement zunächst dazu führen sollte, dass Du als „unbequemer Störenfried" wahrgenommen wirst. Das ist gut und richtig so!

83. Das ist bitter für einen Menschen, bei allem Wissen keine Macht zu haben.

Herodot

Hast Du den Eindruck, dass Du bei all' Deinem unzweifelhaft vorhandenen Wissen letztlich „nichts Entscheidendes in dieser Welt bewegen kannst"; schlichtweg deshalb, weil Du nicht über die dazu benötigte Macht verfügst?

Falls ja, dann stell' Dir bitte zunächst einmal die Frage, wie Du „Macht haben" für Dich definierst?

Ist es vielleicht so, dass Du „Macht haben" primär damit assoziierst, Ideen mit mehr oder weniger plumpen und offensichtlichen Machtmitteln durchsetzen zu können? Ist es vielleicht so, dass Du „Macht haben" mit hierarchischen Strukturen verbindest, in denen Menschen – kraft ihrer Position in einer Hierarchie – Möglichkeiten haben, Ideen auch gegen den Willen anderer Menschen durchsetzen zu können?

Für den Fall, dass Du Dich in einer solchen oder ähnlichen Beschreibung wiedererkennst, dann denk' bitte einmal daran, dass es auch noch eine andere Vorstellung von „Macht haben" gibt, die zwar weniger plakativ, perspektivisch aber erheblich wirkungsvoller sein könnte als das, was sich mit Mitteln erreichen ließe, die gemeinhin mit dieser Begrifflichkeit verbunden werden.

Vielleicht gehörst Du zu den Menschen, deren „Macht haben" sich primär aus überzeugenden Ideen ableiten lässt, die Du in Sprache zu kleiden verstehst, und die Du somit effektiv vervielfältigen könntest.

84. Das Wesen eines Menschen hängt vom Einfluss guter oder schlechter Freunde ab.

unbekannt

Unterschätze niemals – im Guten, wie im Schlechten – den Einfluss von Freunden.

Gute Freunde tragen nicht nur zu Deinem Lebensglück bei, sondern sie prägen ganz maßgeblich auch Dein Wesen.

Umgekehrt üben schlechte „Freunde" perspektivisch einen destruktiven Einfluss auf Dich aus, da sie Dein Denken und Handeln systematisch vergiften können.

Achte darauf, dass Du Dich nach Möglichkeit grundsätzlich nur mit Menschen umgibst, die einen positiven Einfluss auf Dich ausüben.

Insbesondere bei heranwachsenden Kindern und Jugendlichen ist es elementar wichtig, dass Eltern und Lehrer sowie Erwachsene generell darauf achten, dass möglichst nur konstruktive Kontakte gefördert bzw. gestattet werden.

Es liegt in der Natur der Sache, dass es bei Kindern und Jugendlichen mitunter heftigen Widerstand provozieren wird, wenn z. B. Eltern konsequent darauf achten, dass Kinder keine erkennbar destruktiven Kontakte pflegen. Doch, gerade im Interesse Heranwachsender sowie mit Blick auf unsere Gesellschaft insgesamt, ist es äußerst wichtig, dass hier keine bequeme und falsche Zurückhaltung praktiziert wird.

Wehret den Anfängen!

85. Man darf nicht warten, bis der Freiheitskampf Landesverrat genannt wird.

Erich Kästner

Warte nicht, bis „das Kind in den Brunnen gefallen ist", sondern erkenne rechtzeitig die Zeichen der Zeit.

Lass' Dich nicht von schöngefärbten Worten irritieren, die häufig von Menschen missbraucht werden, um Dich und andere Menschen in die Irre zu leiten.

Schau' „hinter die Kulissen" oftmals nur oberflächlich schöner Fassaden, hinter denen des Öfteren ein böses Spiel betrieben wird.

Sei achtsam, und beobachte, ob bzw. inwieweit Reden und Handeln von Menschen übereinstimmen. Menschen, bei denen erkennbar Reden und Handeln in einem offensichtlichen Missverhältnis stehen, verraten dadurch nicht selten ihre wahren Absichten, die sie nur zu gern in schönen Worthülsen zu verstecken versuchen.

Achte sorgsam und stets darauf, wo in Deinem Umfeld es erste Anzeichen dafür gibt, dass Freiheitsrechte beschnitten werden; oftmals unter einem verlogenen Deckmantel der Abwehr vermeintlicher Gefahren.

Lass' nicht zu, dass systematisch und schleichend Freiheitsrechte von Menschen oder Regierungen unter meist fadenscheinigen Vorwänden abgeschafft werden.

Informier' Dich möglichst unabhängig, indem Du verschiedene Medien konsultierst, um somit „finstere Machenschaften" rechtzeitig aufdecken und bekämpfen zu können.

86. Bildung ist das, was übrigbleibt, wenn wir vergessen, was wir gelernt haben.

Lord Halifax

Diese zunächst etwas widersinnig anmutende Lebensweisheit verdient insbesondere auch in unserer Zeit besondere Beachtung.

Nur zu oft verwechseln Menschen in diesen Tagen „gelerntes Faktenwissen" mit einem umfassenden Begriff von „Bildung".

Nicht zuletzt unzählige Quizshows, in denen nicht selten banale und zudem höchst unwichtige Fakten abgefragt werden, haben maßgeblich mit dazu beigetragen, dass viele Menschen eine gänzlich falsche Vorstellung von dem haben, was den Begriff „Bildung" wahrhaft verdient.

In Anlehnung an den Leitsatz „Das Ganze ist erheblich mehr als die Summe seiner Teile" lässt sich auch hier feststellen, dass „Bildung" nicht automatisch aus einer gigantischen Anhäufung von „Faktenwissen" besteht, sondern vielmehr daraus, gelernt zu haben, wie sich aus Faktenwissen das entwickeln lässt, das letztlich zu recht als „Bildung" bezeichnet werden kann.

Keine noch so gigantische Faktenbasis belangloser Banalitäten kann und wird zu einer umfassenden Bildung führen.

Vielmehr bedarf es pädagogisch geschulter und fachkompetenter Menschen, die dabei helfen, dass aus Faktenwissen erst Bildung heranreifen kann.

87. Unsere Mängel sind unsere besten Lehrer; aber gegen die besten Lehrer ist man immer undankbar.

Friedrich Nietzsche

Hast Du Dich auch schon über Deine vermeintlichen Mängel und Fehler geärgert?

Falls ja, dann bemüh' Dich um eine aktive Änderung Deines Blickwinkels, der in der Konsequenz dazu führen kann, dass Du bisher eher als Mängel wahrgenommene Eigenschaften fortan als etwas Positives erlebst.

Das Leben schenkt Dir mit jeder zunächst als Mangel oder Fehler wahrgenommenen Eigenschaft eine neue Chance, zu lernen, wie Du bestimmte Dinge zukünftig anders oder besser machen könntest.

Sei also nicht ärgerlich oder traurig, wenn Du immer mal wieder Mängel oder Fehler an Dir wahrnimmst. Einerseits gehört es zu Deinem Menschsein dazu, dass auch Du mehr oder weniger viele Mängel hast. Anderseits solltest Du Dir selbst die Chance geben, aus jedem registrierten Mangel etwas zu lernen, so dass Du perspektivisch Deine Persönlichkeit weiter konstruktiv entwickeln kannst.

Sei nicht ärgerlich oder beleidigt, wenn andere Menschen Dich auf Deine Mängel aufmerksam machen. Vielmehr solltest Du dankbar dafür sein, dass Du somit immer wieder neue Chancen bekommst zu einer reifen Persönlichkeit zu werden, die gelernt hat, dass eine konstruktiv vorgetragene Kritik nicht zum Ziel hat, Dich anzugreifen, sondern dass sie Dir entscheidend dabei hilft, besser zu werden. Nutze Deine Chancen!

88. Die Dummheit ist die sonderbarste aller Krankheiten. Der Kranke leidet niemals unter ihr. Aber die anderen leiden.

Paul-Henri Spaak

Bevor Du unter Umständen etwas vorschnell zustimmst, so bedenke bitte, dass kein Mensch – so auch Du – sich ausgesucht hat, über wie viel Intelligenz er verfügt.

Dummheit, verstehbar als nicht oder nur äußerst bescheiden vorhandene Intelligenz ist somit etwas, auf das jeder Mensch – wenn überhaupt – nur einen sehr bedingten Einfluss nehmen kann.

Bevor Du womöglich vorschnell über Menschen und deren Dummheit richtest, wäre es besser, Du kümmertest Dich aktiv darum, dass eine weithin verbreitete Dummheit unter der Menschheit systematisch und zielsicher minimiert werden könnte.

Vergiss' bitte nicht: Wer sich selbst erhebt, wird erniedrigt werden. Zudem zeugt es nicht von Klugheit, sich selbstherrlich über eine vermeintliche Dummheit anderer Menschen lustig zu machen, sondern vielmehr von mangelnder geistiger Reife.

Ja, es mag wohl so sein, dass vor allem solche Menschen unter der Dummheit anderer Menschen leiden, die intellektuell dazu befähigt sind, Dummheit als solche wahrnehmen zu können. Dennoch ist es menschlich wertvoller, Du hilfst weniger begabten Menschen einen für sie gangbaren Weg zu einem intellektuellen Plateau zu finden, das sie teilhaben lässt an den Dingen, die Du vielleicht längst verstanden hast.

89. Wahre Ruhe ist nicht Mangel an Bewegung. Sie ist Gleichgewicht der Bewegung.

Ernst Freiherr von Feuchtersleben

Unterliege bitte nicht dem Trugschluss, dass eine Vorstellung vom Begriff „Ruhe" gleichzusetzen sein könnte mit „Bewegungslosigkeit".

Dem ist mitnichten so.

Vielmehr bedeutet Ruhe, dass Du auch und gerade komplexe Eindrücke in einem Zustand innerer Gelassenheit sowie bewusster Entschleunigung auf Dich wirken lässt.

Nur dann hast Du eine Chance zu begreifen, dass Ruhe einen Zustand höchster geistiger Aktivität bedeuten kann.

Beobachte beispielsweise zwei Schachspieler, die gedankenversunken – oftmals stundenlang – über einem Schachbrett verharren. Äußerlich betrachtet könntest Du zuweilen den Eindruck gewinnen, als seien beide Schachspieler über dem Schachbrett eingeschlafen. Tatsächlich ist es aber meist so, dass eine äußerlich zu sehende Ruhe korrespondiert mit einer regen Geistesaktivität. Insofern ist dies ein anschauliches Beispiel dafür, dass eine zunächst wahrgenommene Ruhe durchaus sehr viel mit intensiver Bewegung – hier: gedankliche Bewegung – zu tun haben kann.

Merke: Ruhe bedeutet nicht Bewegungsmangel. Hektik bedeutet nicht automatisch konstruktive Bewegung. Nur mit der nötigen Ruhe gelangst Du zu Deinem inneren Gleichgewicht an Bewegung.

90. Vorurteile sind Hindernisse auf der Rennbahn des Lebens.

unbekannt

Hast Du schon einmal ernsthaft darüber nachgedacht, dass Vorurteile nahezu durchweg falsch sind?

Warum ist das so? Nun, Vorurteile habe die immanente Eigenschaft zu verallgemeinern. Und Verallgemeinerungen sind naturgemäß nahezu immer falsch.

Vorurteilen wohnt eine zutiefst destruktive Kraft inne. Beginnend bei vergleichsweise noch harmlosen Vorurteilen, denen wir in unterschiedlichsten Alltagssituationen begegnen, bis hin zu Vorurteilen, die höchst menschenverachtend sind, gibt es eine große Bandbreite des Irrsinns.

Allen gemeinsam ist jedoch die Tatsache, dass nahezu jedes Vorurteil keiner seriösen Überprüfung standhält. Daran ändern auch keine zumeist gebetsmühlenartigen Wiederholungen etwas.

Merke: Unsinn bleibt Unsinn, auch wenn er penetrant wiederholt wird.

Durchforste Dein eigenes Denken dahingehend, welche Vorurteile Du bisher – zuweilen auch unbewusst – kultiviert hast. Reflektiere kritisch, und entschlacke Dein Denken von destruktiven Vorurteilen, die nicht nur das Leben anderer Menschen beschweren, sondern nicht zuletzt auch Dein eigenes.

Frieden zu wollen, bedeutet: Frieden zu schenken.

91. Wenn du deinen Seelenfrieden wiederfinden willst, dann tritt von deinem Posten als Generalmanager des Universums zurück.

Larry Eisenberg

Hast Du auch des Öfteren das Gefühl, dass Du an unzähligen Ecken und Enden dieser Welt gleichzeitig gebraucht wirst?

Ist Dein Seelenfrieden womöglich empfindlich gestört, und verspürst Du zunehmend ein Gefühl von Ohnmacht, da Du nicht einmal ansatzweise das zu bewirken vermagst, was Du liebend gern bewirktest?

Falls Du Dich in einer solchen Beschreibung wiedererkennst, solltest Du Dir in Deinem eigenen Interesse klar machen, dass niemand von Dir verlangt für alles und jedes zuständig zu sein, was auf dieser Welt schief läuft.

Möchtest Du effektiv und nachhaltig vieles auf dieser Welt zum Besseren bewegen, dann vergiss' bei all' Deinen lobenswerten Bemühungen nicht Dich selbst.

Du musst und Du kannst niemals alle von Dir erkannten Probleme allein lösen. Besser ist es, Du suchst Dir engagierte Mitstreiter, die, ebenso wie Du, erkannt haben, dass nur ein kollektives Wirken perspektivisch spürbare Verbesserungen zeigen kann.

Überschätze Deine Kräfte nicht. Bedenke, dass Du niemandem mehr wirst helfen können, wenn Du selbst „am Boden" liegst. Geh' behutsam und achtsam mit Deinen Kräften um; dann wirst Du vieles zum Guten bewegen können.

92. Wenn fünfzig Millionen Menschen etwas Dummes sagen, bleibt es trotzdem eine Dummheit.

Anatole France

Hast Du Dich vielleicht auch schon dabei ertappt, anzunehmen, dass eine Aussage x wohl richtig sein müsste, weil sehr viele andere Menschen dies auch sagen?

Sei vorsichtig, denn die Anzahl der Menschen, die eine Aussage x für wahr erachten, sagt zunächst einmal wenig bis gar nichts darüber aus, ob diese Aussage x tatsächlich wahr ist.

Vielmehr könnte es so sein, dass Du – ebenso wie viele andere Menschen – einem Massenphänomen unterliegst – das davon ausgeht, eine große Menschenmenge könne sich nicht irren.

Schau' Dich in der Weltgeschichte um, und Du wirst viele Beispiele dafür finden, dass auch und vor allem „große Menschenmengen" - dem Herdentrieb geschuldet – Dummheiten begehen, deren Auswirkungen nicht selten dramatisch sind.

Recherchiere selbst, und übernimm' nicht reflexhaft eine Maintream-Meinung. Prüfe sorgfältig, welche wahren Motive hinter Mainstream-Meinungen verborgen sein könnten, und lass' Dich nicht davon irritieren, dass Du nicht selten mit Deiner Meinung gegen eine „Horde willenloser und obrigkeitshöriger Lemminge" anzukämpfen hast.

Dummheit muss auch als solche bezeichnet werden dürfen.

93. Solange die Freiheit nicht in allen Ländern blüht, kann sie in einem einzelnen nicht gedeihen.

John F. Kennedy

In einer Welt, in der noch immer sehr viele Menschen in Unfreiheit leben, kann und wird es perspektivisch keine Länder geben, in denen Menschen dauerhaft in Freiheit leben können.

Eine Welt, in der es Regierungen gibt, die offenbar allen Ernstes glauben, es sei möglich, Freiheit in den eigenen Ländern zu sichern, zugleich aber ignorant – zuweilen kriminell – handeln, sollten und dürfen sich nicht darüber wundern, dass derart konstruierte „Freiheiten" auf einem höchst unsicheren Fundament aufgebaut sind.

Solange die Weltgemeinschaft als Ganzes nicht versteht und nicht akzeptiert, dass Freiheit schlussendlich nur dann gesichert werden kann, wenn es eben nicht nur „Inseln der Freiheit" gibt, sondern „Freiheit für alle Menschen", solange wird ein schon längst sich beängstigend zuspitzender Trend wachsender Gewalt nicht mehr unbegrenzt lange aufzuhalten sein.

Konkrete Anzeichen, die überdeutlich signalisieren, dass sich letztlich kein Land auf unserer Erde dauerhaft gegen globale Ungerechtigkeiten abschotten kann, zeigen sich an immer mehr Orten unserer Erde.

Da hilft auch keine wie auch immer geartete „Abschottung", in deren Rahmen sich komplette reiche Stadtviertel mit Waffengewalt gegen vermeintliche Eindringlinge schützen möchten. Diese im Kern „kranke Rechnung" ist zum Scheitern verurteilt.

94. Die Gleichgültigkeit ist wie das Eis an den Polen: Sie tötet alles.

Honoré de Balzac

Viele Menschen vergessen bei dem Gedanken an „das Töten von Menschen", dass eine der schlimmsten „Waffen", mit der Menschen „getötet" werden können, eine fortgesetzte Gleichgültigkeit ist.

Gleichgültigkeit, die teils aus Gedankenlosigkeit, teils auch bewusst praktiziert wird, kann Menschen seelisch töten.

Besonders schwerwiegende Folgen sind zu erwarten, wenn beispielsweise Eltern ihren Kindern gegenüber fortgesetzt gleichgültig reagieren. Derart aufwachsende Kinder tragen nicht selten eine schwere Last für ihr weiteres Leben mit sich.

Gleichgültigkeit, vor allem dann, wenn sie bewusst praktiziert wird, zerstört das Selbstwertgefühl, das für alle Menschen elementar wichtig ist.

Menschen, die tendenziell gleichgültig agieren, haben diese im Kern destruktive Verhaltensweise meist während ihrer Kindheit kennen gelernt, und geben diese nicht selten unreflektiert an eigene Kinder oder andere Menschen weiter.

Falls Du Menschen kennst, die wiederholt gleichgültig agieren, dann gib' ihnen und Dir eine faire Chance, zu verstehen, welche auslösenden Ursachen es für dieses unmenschliche und perspektivisch destruktive Verhalten geben könnte? Sprich' mit Deinen Mitmenschen, und bemüh' Dich aktiv um eine Problemlösung.

95. Sei nicht allzu ängstlich, was deine Handlungen angeht. Das ganze Leben ist ein Experiment.

Ralph Waldo Emerson

Was immer Du auch denkst und planst, sei gewiss' dass auch Du und Dein Leben Bestandteil des wohl größten Experiments sind, das in diesem Universum vorstellbar ist.

Gib' Dir selbst die Chance, zu verstehen, was Leben überhaupt ist? Für einen kleinen Selbsttest könntest Du einmal versuchen, spontan zu erklären, was Leben ist?

Wie immer auch Deine Definition von Leben aussehen mag, so darfst Du sicher sein, dass Leben:

a) … keineswegs ausschließlich an biologische Trägermedien gebunden sein muss.
b) … erst recht nicht auf menschliches Leben beschränkt ist.
c) … sich an universell gültigen Eigenschaften ausrichtet, die auf der Grundlage vielfältigster Trägermedien realisiert werden können.

Kurz: Leben ist erheblich mehr, als das, was sich vermutlich die meisten Menschen – mangels Interesse, mangels Wissen – darunter vorstellen.

Triff' mutig Deine Entscheidungen, und verzage nicht, wenn Du zuweilen den Eindruck gewinnst, Du habest womöglich falsch entschieden. Vergiss' niemals das große Ganze, und bedenke, dass das Leben erheblich mehr Überraschungen für Dich bereit hält, als Du Dir in Deinen kühnsten Träumen ausmalen kannst.

96. Wer seine Träume leben möchte, darf nicht die anderer träumen.

unbekannt

Weißt Du, welches die häufigste Antwort von Menschen ist, die man kurz vor deren Tod befragt, was sie in ihrem Leben am meisten bereut haben?

Vielleicht: Mehr Geld gehabt zu haben? Mehr Urlaub gemacht zu haben?

Nein, nichts von alledem.

Die häufigste Antwort lautet:

„Ich bereue, dass ich meine Träume nicht verwirklicht habe".

Also, wenn Du Dir selbst den größten Gefallen tun möchtest, dann bemühe Dich nach besten Kräften darum Deine Träume zu leben. Begeh' nicht den so oft zu beobachtenden Fehler, immer wieder alles und jedes „auf die lange Bank zu schieben".

Bedenke, dass Dein Leben auf dieser Erde womöglich schon morgen beendet sein könnte. Bedenke, dass Du keinen Einfluss auf Dein Zeitkonto hast.

Von daher solltest Du vor allem den so oft missbrauchten Spruch „Ich habe keine Zeit..." aus Deinem Sprachschatz streichen. Nutze die Zeit, die Dir geschenkt wird.

Hier und jetzt und heute.

97. Es bleibt der Menschheit nichts anderes übrig als mutig neue Wege zu beschreiten.

Jean Fourastié

Jeder, der mit wachen Sinnen durch unsere Welt schreitet, wird nicht ernsthaft umhin kommen, einzugestehen, dass es unzählige Zustände gibt, die förmlich nach einer Veränderung schreien.

Massive Ungleichgewichte hinsichtlich einer fairen Verteilung von Ressourcen, empfindliche – um nicht zu sagen – skandalöse Ungerechtigkeiten hinsichtlich der Einkommensverteilung, zunehmend unübersehbarer Raubbau an lebenswichtigen, teils unwiederbringlichen Naturressourcen, Missachtung von Menschenrechten, wachsende Kriminalität, Korruption, degenerative Medien, krankhafte Fokussierung auf materielle Werte und Geldgeilheit, empfindliche Defizite in den Bereichen Bildung und Erziehung u. v. m.

Kurz: Beispiele dafür, dass sich unsere Welt immer bedrohlicher ihrem Abgrund entgegen bewegt, gibt es wahrlich erschreckend viele.

Nimm' Deine Verantwortung wahr, und hilf' mit, Deine Mitmenschen glaubhaft davon zu überzeugen, dass nur ein fundamentaler Bewusstseinswandel dazu führen wird unsere Welt vor dem sicheren Abgrund zu bewahren.

Niemand, auch Du nicht, wird sich dauerhaft vor den sich immer schneller und deutlicher abzeichnenden Entwicklungen verstecken können. Sei mutig, handle jetzt!

98. Wir leben alle unter dem gleichen Himmel, aber wir haben nicht alle den gleichen Horizont.

Konrad Adenauer

Diese Lebensweisheit, die auf den ersten Blick ein wenig arrogant erscheinen könnte – oder es vielleicht auch ist – enthält im Kern dennoch eine sehr wichtige Aussage, über die es sich nachzudenken lohnt.

Kein Mensch, auch Du, wurde gefragt, ob und unter welchen Rahmenbedingungen er in diese Welt „geworfen" werden wollte?

Sei achtsam und behutsam mit Deiner Beurteilung bzw. vorschnellen Verurteilung Deiner Mitmenschen. Vergiss' nicht, dass jeder Mensch – so auch Du – sein Denken und Handeln nur auf der Grundlage eines jeweils vorhandenen Persönlichkeitshintergrundes ausrichten kann.

Hüte Dich davor, andere Menschen lächerlich machen zu wollen; nur deshalb, weil sie Deinen vermeintlichen „gedanklichen Höhenflügen" nicht zu folgen vermögen.

Klüger und menschlich wertvoller ist es, Du hilfst anderen Menschen dabei den für ihren Horizont gangbaren Weg zu finden, ohne sogleich selbst mit Deinem Wissen glänzen zu wollen.

Es mag so sein, dass andere Menschen Dir intellektuell unterlegen sind. Sei aber gewiss, dass auch andere Menschen Dir geistig überlegen sind. Vergiss' das nicht, wenn Du womöglich vorschnell dümmliche und billige Äußerungen über Menschen machen möchtest, denen Du Dich überlegen fühlst.

99. Verzicht ist eine selten benutzte Variante der Freiheit.

Art van Rheyn

Ein Gefühl mangelnder Freiheit stellt sich mitunter dann ein, wenn Du Dich und Dein Leben mit dem Leben anderer Menschen vergleichst.

Empfindest Du es beispielsweise als eine Beschneidung Deiner Freiheit, dass Dein Nachbar ein teures Luxusauto sein eigen nennt, wogegen Du einen alten Kleinwagen fährst? Empfindest Du es womöglich als einen Verlust an Freiheit, dass sich Dein Nachbar jährlich mehrmals einen Luxusurlaub leistet, wogegen Du eher Urlaub „auf Balkonien" machst?

Solche, oder ähnliche Vergleiche gibt es unzählige. Allen gemeinsam ist aber, dass hier Vergleiche zwischen dem eigenen Leben und dem Leben anderer Menschen gemacht werden, die sehr häufig mit einer vermeintlichen Niederlage desjenigen enden, der sich als der Unterlegene fühlt.

Ändere Deinen Blickwinkel, und versuch' zu verstehen, dass all' die vielen Vergleiche schlussendlich wenig bis gar nichts mit dem zu tun haben, was den Begriff Freiheit wahrhaft verdient.

Vielmehr bist Du frei, wenn Du Dir selbst gegenüber offen, ehrlich und ohne einen Dich schmerzenden Unterton eingestehst, dass Freiheit für Dich nicht bedeutet, alles und jedes haben zu wollen, was andere Menschen ihr eigen nennen, sondern dass Du bewusst und ohne inneren Groll auf unnötigen Ballast verzichten möchtest bzw. verzichten kannst.

100. Ein Merkmal für die Entartung unserer Welt ist, dass sich die Menschen ihres Reichtums nicht schämen, sondern rühmen.

Leo Tolstoi

Es dürfte wohl kaum Menschen geben, die – bei näherer Betrachtung – das Recht für sich in Anspruch nehmen könnten, sich ihres Reichtums rühmen zu dürfen.

Einmal abgesehen davon, dass ein derartiges Fehlverhalten von einem offenbar übersteigerten Selbstwertgefühl zeugt, dass es vor allem dümmlich ist, wird leider nur zu oft und zu schnell vergessen, dass die Rahmenbedingungen, unter denen Menschen zu materiellem Reichtum gelangt sind, höchst unterschiedlich sind.

Getreu dem etwas vulgär anmutenden Leitsatz: „Der Teufel scheißt auf keinen kleinen Coup", lässt sich allerorten beobachten, dass hier eine ebenso wahre wie immer wieder belegbare Binsenweisheit existiert, die sich nicht ernsthaft leugnen lässt.

Einfach ausgedrückt: Wer schon viel hat – woher auch immer – dem wird es in unserer Welt leicht gemacht, noch mehr materielle Güter anzuhäufen. Wer nichts oder nur wenig hat, dem werden unzählige Steine in den Weg gelegt. Trivial, aber dennoch wahr.

Falls Du der vergleichsweise kleinen Minderheit angehörst, der das Leben – unverdient – eine gute Startposition geschenkt hat, solltest Du Dich grundsätzlich und niemals Deines Reichtums rühmen, sondern vielmehr voller Dankbarkeit Deinen Mitmenschen auf deren Weg nach Kräften helfen.

101. Die meisten Menschen wenden mehr Zeit und Kraft daran, über die Probleme zu reden, als sie anzupacken.

Henry Ford

Denk' bitte einmal ernsthaft darüber nach, wie viel wertvolle Energie (Kraft und Zeit) Du verschwendest, wenn Du unverhältnismäßig lange nur über so allerlei Probleme lamentierst, anstatt endlich aktiv tätig zu werden, um gangbare und konkrete Lösungsmöglichkeiten zu finden?

Aus der psychologischen Forschung her ist bewiesen, dass viele Menschen – kurioserweise - „lieber" in einer objektiv festgefahrenen Situation verharren, als endlich aktiv tätig zu werden, indem Mittel und Wege angestrengt werden, die dazu angetan wären, eine unerfreuliche Situation von Grund auf neu zu gestalten.

In diesem Zusammenhang drängt sich die Idee des „inneren Schweinehunds" auf, der Menschen oftmals daran hindert endlich die zu einer Situationsverbesserung notwendigen Schritte aktiv und konkret einzuleiten.

Merke: Es gibt nichts Gutes, außer Du tust es.

Also: Möchtest oder musst Du ein Problem lösen, dann verharre nicht übermäßig lang in einem Zustand innerer Lähmung, sondern bemüh' Dich aktiv und zielstrebig um eine Problemlösung. Lösungen gibt es fast immer; Hauptsache, Du lässt nicht zu, dass Dich die zu lösenden Probleme in einem dauerhaften Zustand des Nichtstuns gefangen halten. Nahezu jede Aktivität wird besser sein als sich „kampflos" zu ergeben.

102. Solange wir Menschen denken, dass Tiere nicht fühlen, müssen Tiere fühlen, dass Menschen nicht denken.

unbekannt

Hast Du schon einmal ernsthaft darüber nachgedacht, dass viele Tiere schreckliche Qualen erleiden müssen, und das alles nur, weil es – noch immer – viele Menschen gibt, die beim Kauf im Supermarkt nur der Preis interessiert, den sie für Billigfleisch zu entrichten haben?

Einmal abgesehen von dem ökologischen Wahnsinn, der gar nicht ernsthaft bestritten werden kann, dass die Energiebilanz bei der Fleischproduktion katastrophal schlecht ist, sollte uns vor allem zu denken geben, dass schier unendlich viele sog. Nutztiere schrecklichste Qualen erleiden, und das alles nur, weil sehr viele Menschen nur noch wie blinde und zutiefst ignorante Zombies danach Ausschau halten, wo sie ihr Fleisch womöglich noch einige Cent billiger kaufen können.

Schau' Dir entsprechende Videos im Internet an, und Du wirst nicht leugnen können, dass primär und vor allem gedankenlose Menschen ursächlich dafür verantwortlich sind, dass so vielen Tieren so grausames Leid angetan wird.

Müssen wir täglich Fleisch essen? Nein.

Wäre es sinnvoller und vor allem ethisch vertretbarer, wir mäßigten unseren Fleischkonsum? Ja.

Auch hier gilt: Weniger ist oftmals mehr.
Für alle Beteiligten!

103. Lerne zuhören, und du wirst auch von denjenigen Nutzen ziehen, die dummes Zeug reden.

Platon

Bedenke, dass sich auch durch ein aufmerksames Zuhören vermeintlich „dummen Geschwätzes" so einiges lernen lässt.

Gib' Dir aufrichtig Mühe, auch „zwischen den Zeilen lesen bzw. verstehen zu können".

Menschen, die – oberflächlich betrachtet - „dummes Zeug reden", sagen dadurch – meist ungewollt – sehr viel über ihre eigene Befindlichkeit sowie über ihre eigenen Motive aus.

Sobald Du gelernt hast „dummes Gerede" auf den jeweils sich dahinter verbergenden Kern zu reduzieren, wirst Du erstaunt sein, wie viel sich daraus auch für Dich und Dein Leben ableiten lässt.

In Deinem eigenen Interesse solltest Du nicht dem Trugschluss unterliegen, dass nicht auch ein rhetorisch geschliffener Vortrag sehr wohl viel „dummes Zeug" transportieren könnte. Unterscheide sorgsam zwischen Form und Inhalt.

Ein wahrhaft weiser Mensch wird die Chance nutzen, aus allen Erfahrungen etwas lernen zu wollen.

Eine ausschließliche Fokussierung auf nur formal „geschliffene Aussagen" wäre weder sachdienlich noch klug. Nutze die große Vielfalt, die das Leben den Menschen in deren unterschiedlichen Möglichkeiten zur Verfügung stellt.

104. Das Glück im Leben hängt von den guten Gedanken ab, die man hat.

Marc Aurel

Bedenke: Du bist, was Du denkst.

Gedanken haben, im Guten wie im Schlechten, eine enorme Kraft.

Gedanken haben die Tendenz sich in der materiellen Welt zu verwirklichen.

Möchtest Du Deinem Leben gute und faire Chancen schenken, glücklich zu sein bzw. glücklich zu werden, dann achte sorgsam auf Deine Gedanken.

Gedanken ziehen reale Situationen geradezu magisch an.

Lass' nicht zu, dass negative Gedanken eine gefährliche Eigendynamik entwickeln, die sich wie ein schleichendes Gift auf Dein Leben auswirken könnten.

Bemüh' Dich stets aktiv darum gute Gedanken zu entwickeln, denn sie bestimmen maßgeblich Dein Wohlergehen und Dein persönliches Glück.

Du wirst nicht durchweg verhindern können, dass zuweilen auch negative Gedanken auftauchen. Aber Du darfst und kannst Dich aktiv darum bemühen, zu verhindern, dass negative Gedanken tiefe Wurzeln bei Dir ansetzen können.

Du hast die Wahl.

105. Wer hohe Türme bauen will, muss lange beim Fundament verweilen.

Anton Bruckner

Möchtest Du große Ziele erreichen, dann bedenke, dass diese ein solides Fundament benötigen.

Lass' Dich nicht von einem oftmals kranken Zeitgeist anstecken, der vor allem jungen Menschen suggeriert, alles und jedes sei nahezu ohne persönliche Anstrengung zu erreichen.

Schau' Dir beispielsweise die unzähligen Castingshows an, in denen überwiegend bemitleidenswerte, geistig minderbemittelte Jugendliche in einer geradezu perfiden Art und Weise dazu aufgestachelt werden vermeintliche „Superstars" zu werden.

Eine Gesellschaft, die wissentlich zulässt, dass derart minderwertige, menschenverachtende und zutiefst dümmliche Formate medial verarbeitet werden, sagt ungewollt sehr viel darüber aus, welch' bedenklich degeneratives „Niveau" längst erreicht worden ist.

Hilf' aktiv und konsequent mit, Menschen davon zu überzeugen, dass außergewöhnliche Ziele auch solide Fundamente benötigen, um langfristig Bestand zu haben.

Lass' nicht zu, dass junge Menschen in Deinem Umfeld einem mainstreamverseuchten Trugschluss unterliegen, echte Erfolge ließen sich sozusagen „im Vorübergehen" erzielen. Vielmehr ist die Zeit überreif, Menschen klar zu machen, dass nur solide Fundamente eine Chance für langfristigen Erfolg ermöglichen.

106. Sprich nicht schlecht vom Menschen, er sitzt in dir und belauscht dich.

Stanislaw Jerzy Lec

Solltest Du Dich dabei ertappen, leichtfertig und vorschnell schlecht über andere Menschen sprechen zu wollen, so bedenke, dass auch Du sicher viele Gründe dafür bietest, schlecht über Dich reden zu wollen.

Möchtest Du das?

Bevor Du schlecht über andere Menschen sprichst, solltest Du besser selbstkritisch reflektieren, wo Deine „schwarzen Flecken" sind?

Anstatt schlecht über andere Menschen zu sprechen, solltest Du besser dafür sorgen, dass sich Menschen grundsätzlich um einen konstruktiven Gedankenaustausch bemühen, dessen zentrales Ziel eben nicht darin besteht „recht behalten zu wollen", sondern vielmehr darin, im gemeinsamen Gespräch voneinander lernen zu dürfen.

Menschen, die schlecht über andere Menschen sprechen, sind nicht stark, sondern zeigen dadurch vor allem deutliche Defizite in der eigenen Persönlichkeit.

Sei stark, und widersetze Dich bewusst einem oftmals zu beobachtenden „kollektiven Veralberns", das nur zu gern in Gruppen festzustellen ist, die auf „Stammtischniveau" diskutieren.

Hilf' Dir und Deinen Mitmenschen, das jeweils Gute in den Vordergrund der Betrachtung zu rücken.

107. Zu Fastnacht bindet sich der Mensch eine zweite Maske vor seine erste.

Gottfried Keller

Hast Du schon einmal ernsthaft darüber nachgedacht woher das starke Bedürfnis vieler Menschen kommt, zu vorgeschriebenen Zeiten – sozusagen „auf Knopfdruck" - den Mitmenschen durch das Aufsetzen einer Maske etwas vorzugaukeln, das bei näherer Betrachtung meist kaum deren wahren Charakter widerspiegelt?

Warum möchtest Du Dir vorschreiben lassen ausgerechnet zu Fastnacht ein Bild von Dir vorzutäuschen, das vermutlich Deinem wahren Selbst zuwider läuft?

Ist Dir schon einmal der Gedanke gekommen, dass Menschen unter einem gesellschaftlich geduldeten Deckmantel vermeintlichen Frohsinns ihr wahres Ich verbiegen lassen?

Sei authentisch, und steh' zu Deinen wahren Gedanken und Wünschen; auch und gerade dann, wenn diese zunächst auf gesellschaftlich sanktionierten Widerstand treffen.

Bedenke, dass Du Deiner Seele perspektivisch keinen guten Dienst erweist, wenn Du vor allem im Alltag ein latent vorhandenes Spannungsfeld provozierst; bedingt dadurch, dass Du Dir und Deinen Mitmenschen durch ein mehr oder weniger geschicktes Tragen einer Maske ein Bild von Deinem wahren Selbst zu vermitteln versuchst, das diesem in keiner Weise gerecht wird.

Betrüg' weder Dich noch andere. Das schadet Dir!

108. Ein wahrer Freund ist jemand, der alles stehen und liegen lässt, wenn du ihn brauchst.

unbekannt

Nicht ohne guten Grund heißt es in einem bekannten Lied sinngemäß: „Ein Freund, ein guter Freund, das ist das Schönste und Beste, was es gibt auf dieser Welt...".

Ja, so ist es wohl.

Wahre Freunde erkennst Du vor allem in der Not.

Lerne sorgsam zu unterscheiden zwischen „wahren Freunden" und sog. „Schönwetterfreunden".

Insbesondere das inflationäre Aufkommen sozialer Netzwerke – allen voran z. B. Facebook – tragen entscheidend dazu bei, dass ein so fundamental wertvoller Begriff wie „Freund" - womöglich gewollt (?!) systematisch – entwertet wird.

Warum? Nun, wenn man sich anschaut, dass ein einziger Klick ausreicht, um eine bis dahin völlig unbekannte Person sogleich als „Freund" zu deklarieren, dann sollte jedem aufmerksamen Menschen sofort klar sein, dass hier Schindluder getrieben wird, mit einem Begriff, der doch im Kern etwas zutiefst Wertvolles ausdrücken soll.

Was glaubst Du: Wie viele der womöglich 100 oder gar 1000 „Freunde", die in einem sozialen Netzwerk leichtfertig als „Freunde" deklariert werden, werden aktiv und spontan helfen, wenn es bei Dir „brennt"?

50? 20? 10? Oder wohl doch eher nur ein bis zwei?!

109. Toleranz wird zum Verbrechen, wenn sie dem Bösen gilt.

Thomas Mann

Toleranz gehört fraglos – so lange sie nicht blind agiert – zu den wichtigsten Vorbedingungen einer friedlichen Gesellschaft.

Sobald jedoch Toleranz als Deckmantel zur Duldung oder Vertuschung böser und krimineller Machenschaften bemüht wird, wird sie als Handlanger und Mittäter missbraucht.

Eine Gesellschaft, in der „entscheidende" Leute Toleranz fordern gegenüber Zuständen und Vorgehensweisen, die im Kern verwerflich und böse sind, zerstört sich perspektivisch selbst.

Wo immer Du auch falsch verstandene Toleranz beobachtest, sollst und darfst Du klar und deutlich darauf aufmerksam machen.

Lass' Dich durch nichts und niemanden mundtot machen, wenn Du klare Hinweise erkennst, dass eine falsch verstandene Toleranz bösen Kräften gegenüber unter mehr oder wenigen fadenscheinigen Vorwänden missbraucht wird.

So es in Deiner Macht steht, dass Du missbrauchte Toleranz widerstandlos duldest, machst Du Dich mitschuldig an den zu erwartenden Konsequenzen untätiger Ignoranz klaren Missständen gegenüber.

Möchtest Du das wirklich?

110. Der Zufall ist ein Pseudonym, das der liebe Gott wählt, wenn er inkognito bleiben will.

Albert Schweitzer

Wer denkst Du zu sein, dass Du womöglich ernsthaft glaubst, Gott „in die Karten schauen zu können"?

Bedenke, dass das, was wohl die meisten Menschen unter Zufall verstehen, ein kluges und hilfreiches Mittel einer wie auch immer zu bezeichnenden, höheren Macht sein könnte, die Menschen glauben zu machen, es gäbe im Universum so etwas wie einen menschlichen Freiheitsgrad, den den Menschen das Gefühl vermittelt, selbst entscheiden zu können.

Was immer Dir auch – und sei es für Dich noch so unverständlich – als zufälliges Ereignis in Deinem Leben begegnen mag, sei gewiss, dass auch Du in das große Ganze eingebunden bist.

Die fundamentalen Grundlagen für Dich und Dein Leben wurden nicht von Dir geschaffen, sondern von einer höheren Macht. Dabei ist es gleichgültig, wie Du sie für Dein Verständnis bezeichnen magst.

Sei gewiss, dass schlussendlich nichts in dem Sinne zufällig geschieht, wie es im alltäglichen Sprachgebrauch nur zu oft und zu leichtfertig über die Lippen vieler Menschen kommt.

Ob Du etwas für Dich als zufällig erlebst, oder ob etwas im größeren Kontext tatsächlich als zufällig bezeichnet werden kann, das sind im Verständnis der meisten Menschen zwei grundverschiedene Dinge, die Du bitte nicht verwechseln solltest.

111. Wir leben in einer Welt, worin ein Narr viele Narren, aber ein weiser Mann nur wenige Weise macht.

Georg Christoph Lichtenberg

Bedauerlicherweise leben wir in einer Welt, in der es offenbar meist erheblich leichter ist, Unsinn zu verbreiten, als wertvolles Wissen.

Oberflächlich auftretende Menschen, die ein nicht selten bewusst geschürtes Bedürfnis nach hirnloser Zerstreuung befriedigen, scharen oftmals deutlich größere Menschenmassen um sich, als dies Menschen gelingt, die wahrhaft wertvolle Ideen unter die Menschheit bringen möchten.

Getreu einem weit verbreiteten, menschlichen Nachahmungstrieb, multipliziert sich Irrsinn bedauerlicherweise oftmals deutlich schneller als dies qualitativ wertvollen Ideen gelingt.

Du musst nicht alles sogleich nachahmen, nur deshalb, weil es viele andere auch tun. Die Wahrscheinlichkeit dafür, dass Du etwas eher Negatives vorschnell nachahmst, dürfte ungleich größer sein, als dass Du auf eine wertvolle Idee gestoßen sein könntest, die Dich und Dein Leben konstruktiv bereichert.

Die Zahl der Narren ist leider um viele Größenordnungen größer als die vergleichsweise kleine Zahl der Weisen.

Orientiere Dein Leben an den Weisen, nicht an den Narren; davon gibt es bedenklicher Weise längst mehr als unserer Erde gut tut.

112. Ein Gramm Beispiel gilt mehr als ein Zentner gute Worte.

Franz von Sales

In Anlehnung an den Leitsatz „Es gibt nichts Gutes, außer man tut es" lass' Dir sagen, dass es ungleich wertvoller ist, Deine Mitmenschen durch Dein eigenes Vorbild von guten Gedanken und guten Taten zu überzeugen, als dass Du womöglich durch viele Worte andere Menschen zum Handeln zu bewegen versuchst.

Verschwende nicht Deine Kraft und Zeit durch ein wiederholtes Aussenden guter Worte an Menschen, bei denen Du siehst und spürst, dass Deine Worte nicht auf fruchtbaren Boden fallen.

Vielmehr solltest Du durch gutes und beispielhaftes Verhalten aktiv voran gehen, um anhand konkreter Beispiele aus Deinem Lebensumfeld zu zeigen, dass und wie sich vieles zum Guten hin wenden lässt.

Schau' Dich bewusst in Deinem Lebensumfeld um, und Du wirst eine Fülle konkreter Beispiele entdecken, die Du durch Dein eigens, vorbildhaftes Verhalten positiv beflügeln kannst.

Das Hauptmotiv Deines Engagements sollte sich nicht aus dem Wunsch ableiten, selbst glänzen zu wollen, sondern vielmehr aus der Erkenntnis, dass jeder Mensch – so auch Du – durch eigenes aktives Handeln als Vorbild fungieren kann, um somit auch andere Menschen zum Nachahmen zu animieren.

Du kannst aktiv dabei helfen, unsere Welt Stück für Stück besser zu machen. Jetzt.

113. Der Spiegel, den man anderen vorhält, sollte auf beiden Seiten geschliffen sein.

Daniel Seeberger

Falls Du Dich auch schon dabei ertappt haben solltest, anderen Menschen deren vermeintliche Fehler und Macken vorzuhalten, so bedenke, dass auch Du vermutlich so manch' „schwarze Flecken" hast.

Hüte Dich davor, vorschnell über andere Menschen und deren Denk- und Lebensweise zu richten.

Die Feststellung, dass Du womöglich so manche Ideen und Verhaltensweisen nicht verstehen und nicht nachvollziehen kannst, besagt nicht automatisch, dass diese falsch sein müssen.

Vergiss' nicht, dass sich sämtliche Denk- und Verhaltensweisen bei jedem Menschen – so auch bei Dir – primär und entscheidend aus der jeweils zutiefst persönlichen Biographie ableiten lassen.

Unterschiedliche Rahmenbedingungen, die beispielsweise durch Eltern, Lehrer und sonstige Kontakte bestimmt werden, führen nahezu zwangsläufig zu unterschiedlichen Denk- und Verhaltensmustern.

Das ist – im wahrsten Sinne des Wortes – natürlich.

Du hast nicht das Recht, selbstherrlich und unreflektiert über andere Menschen zu urteilen. Auch Du bist – ob Du magst, oder nicht – eingebunden in einen persönlichen Rahmen, der Dein Denken maßgeblich bestimmt. Bemüh' Dich stets darum, andere Menschen zu verstehen. Das ist wertvoller als zu urteilen.

114. Viele Menschen treten in dein Leben ein, aber nur ein paar besondere Menschen hinterlassen auch Spuren in deinem Herzen.

unbekannt

Im Laufe Deines Lebens wirst Du vermutlich vielen tausend Menschen begegnen. Einen kleinen Teil davon wirst Du als Deine Bekannte zu Deinem Netzwerk zählen. Eine deutlich kleinere Zahl wirst Du als Freunde oder gar als gute Freunde bezeichnen. Noch seltener, und somit noch wertvoller wird für Dich womöglich die beste Freundin, oder der beste Freund sein.

Beobachte und genieße die vielfältigsten menschlichen Eigenschaften, und nutze sie, um Deine eigene Persönlichkeit konstruktiv zu entwickeln.

Sei Dir bewusst, dass auch und gerade beim Thema Freundschaft der Leitsatz gilt: Weniger ist oftmals mehr.

In einer Zeit wie der unsrigen, in der der Begriff Freundschaft nicht selten durch einen inflationären Missbrauch in sozialen Netzwerken entwertet wird, ist es notwendig und sinnvoll, sich dieses Umstands bewusst zu werden.

Bedenke, wie absurd es ist, allen Ernstes zu glauben, man könne eine Freundschaft dadurch begründen, indem man einige Klicks in einem sozialen Netzwerk ausführt? Lass' nicht zu, dass so wertvolle Begriffe wie Freundschaft durch ein zunehmend gedankenloses und unkritisches „Agieren im intellektuellen Blindflug" systematisch zerstört werden.

Widersetze Dich bewusst einem irren Mainstream.

115. Wer sich rühmt, dem traut man nicht.

Laotse

Jeder Mensch, auch Du, braucht positive Bestätigung zum Aufbau und zur Festigung des Selbstwertgefühls.

Manche mehr, manche weniger.

Das gilt auch für jene Menschen, die dies zuweilen leugnen.

Zunächst einmal ist nichts daran falsch, positiv bestätigt werden zu wollen. Insbesondere für Kinder und Jugendliche ist es elementar wichtig, dass Eltern und Lehrer deren individuelle Fortschritte durch wohldosiertes und ehrliches Lob positiv verstärken.

Etwas ganz anderes ist es aber, wenn Du Dich und Deine Taten über Gebühr rühmst.

Das ist nicht nur lästig für Deine Mitmenschen, sondern es nährt den Verdacht, dass Du dem schönen Schein womöglich einen höheren Stellenwert zuordnen könntest, als Deinem tatsächlichen Sein.

Möchtest Du das?

Sei gewiss, dass Deine Mitmenschen schnell durchschauen, ob Du ein selbstverliebter Aufschneider bist, der sich nur dann wohl fühlt, wenn er stets und pausenlos sich und seine Taten rühmt, oder ob Du ein Mensch bist, der es nicht nötig hat, sich und seine Taten zu rühmen? Lass' andere Menschen entscheiden, ob Sie Dich und Deine Taten rühmen möchten.

116. Die Naturwissenschaft ohne Religion ist lahm, die Religion ohne Naturwissenschaft ist blind.

Albert Einstein

Der berühmte, und leider viel zu früh verstorbene Wissenschaftsjournalist, Prof. Dr. Hoimar von Ditfurth, der u. a. durch das qualitativ hochwertige Wissenschaftsmagazin „Querschnitte" sowie durch unzählige, populärwissenschaftliche Bücher das Weltbild vieler Menschen geprägt hat, zeichnete sich vor allem auch dadurch aus, dass er sich stets darum bemühte, komplexe Sachverhalte in eine Sprache zu kleiden, die von möglichst vielen Menschen verstanden werden kann.

Mit Blick auf das traditionell sehr angespannte Verhältnis zwischen den Themenkreisen Religion und Naturwissenschaft wählte er eine bildhafte Darstellung, die ebenso einfach wie genial ist.

Zur Befriedung des unheilvollen Zwistes zwischen Religion und Naturwissenschaft sagte er sinngemäß:

„Stell' Dir bitte einen großen Berg vor. Von der einen Seite klettern die Menschen empor, die religiös motiviert sind. Von der anderen Seite klettern die Menschen empor, die sich primär an den Naturwissenschaften orientieren. Oben, am Gipfel des Bergs angekommen, werden beide Seiten erkennen, dass sie schlussendlich stets das Gleiche gesucht haben; lediglich die Mittel waren unterschiedlich".

Treffender lässt sich die Situation kaum beschreiben!

Das mögen bitte beide Seiten stets bedenken.

117. Verallgemeinerungen sind Lügen.

Gerhart Hauptmann

Bedenke, dass sehr viele Verallgemeinerungen Lügen sind.

Beobachte achtsam, ob es sich dabei um Verallgemeinerungen handelt, die eher gedankenlos kundgetan werden, oder ob es Verallgemeinerungen sind, die bewusst platziert werden, um somit eigene, niedere Motive zu befriedigen?

Die erste Beschreibung lässt sich auch in Deinem Alltag bestimmt in vielen Situationen beobachten. Menschen, die – mangels Intellekt – auf Stammtischniveau kommunizieren, haben in aller Regel nicht gelernt Aussagen kritisch zu reflektieren.

Triffst Du auf solche Menschen, dann hilf ihnen dabei, zu verstehen, dass viele der auch von ihnen geglaubten Verallgemeinerungen schlichtweg falsch sind.

Die zweite Beschreibung ist im Kern böse und perfide. Menschen, die wider besseres Wissen bewusst Verallgemeinerungen kommunizieren, von denen sie wissen, dass diese im Kern falsch sind, handeln verantwortungslos und nicht selten auch kriminell.

Falls Du derartige Verwerfungen aufdeckst, solltest Du unbedingt aktiv dazu beitragen, dass bewusst falsch kommunizierte Verallgemeinerungen öffentlich gemacht werden, und dass die nicht selten miesen Motive der Betreffenden bloßgestellt werden.

Das ist Dein gutes Recht und Deine Pflicht zugleich!

118. Kleine Taten, die man ausführt, sind besser als große, die man plant.

George Catlett Marshall

Hast Du Dich auch schon dabei ertappt, Großes bewegen zu wollen, zugleich aber schon bei der aktiven Ausführung kleinster Tätigkeiten zu scheitern?

Verzage nicht, denn das ist durchaus menschlich.

Möchtest Du große Taten vollführen, die zur Verbesserung unserer Welt beitragen könnten, dann ist das zunächst einmal ein sehr guter und sehr lobenswerter Denkansatz.

Wichtig ist dabei, dass Du nicht bei Deinen guten Vorsätzen verharrst, sondern dass Du Dich aktiv und zielstrebig darum bemühst, angestrebte Ziele auch konkret zu erreichen.

Übernimm' Dich nicht bei Deiner Planung. Besser ist es, Du setzt Dir realistische Teilziele, die Du dann auch konsequent und regelmäßig auf deren Erfüllung hin überprüfst.

Bedenke: Auch eine große Reise beginnt mit dem ersten Schritt.

Nutze die Gelegenheit, möglichst viele kleine Taten aktiv auszuführen, und beobachte, dass diese elementar wichtig zur Erreichung großer Taten sind.

Es ist besser, Du verrichtest viele kleine Taten, als dass Du endlos über große Taten nachdenkst; diese aber schlussendlich nicht konkretisierst.

119. Die Fähigkeit, heute auch einmal anders zu denken als gestern, unterscheidet den Klugen vom Starrsinnigen.

Aus Frankreich

Möchtest Du die Komplexität unserer Welt verstehen, dann sei stets offen für neue Ideen, und verharre nicht in festgefahrenen Denkstrukturen, die Dir mitunter eine sehr trügerische Sicherheit bieten.

Bedenke: „Das einzig Beständige ist die Veränderung".

So widersprüchlich diese These auf den ersten Blick auch erscheinen mag, so unzweifelhaft wahr ist sie.

Leben bedeutet Veränderung. In jedweder Form.

Das gilt auch und vor allem für das Denken.

Sei nicht starrköpfig, und schließe Dich und Dein Denken nicht ohne Grund in ein Denk-Gefängnis ein, das Dir die Chance nimmt, unsere Welt besser verstehen zu können.

Vergiss' nicht, dass sich die Welt ändern wird. In jedem Moment. Auch jetzt. Die Welt wird sich nicht dafür interessieren, ob Du in Deinem selbst gezimmerten Denk-Gefängnis verharren möchtest. Veränderungen wird es geben, ob Du magst, oder nicht.

Sei klug, und sperr' Dich nicht gegen neues Denken und Handeln; es wird auch Dich und Deine Zukunft entscheidend prägen.

Eine neue Zeit wird kommen...

120. Demokratie ist die Freiheit, wählen zu dürfen, wer einen diktiert!

unbekannt

Gehörst Du womöglich zu den gutgläubigen Menschen, die noch immer ernsthaft glauben, sie könnten durch die eigene Stimme bei einer Wahl etwas fundamental ändern?

Gehörst Du vielleicht zu den Menschen, die noch immer – trotz unzähliger Gegenbeispiele – ernsthaft glauben, wir lebten in einer Demokratie, in der ein Mehrheitswille der Bevölkerung durchgesetzt werde?

Glaubst Du womöglich noch immer den schier endlosen hohlen Phrasen, wie sie vor allem im Umfeld von anstehenden Wahlen abgesondert werden?

Dann wach' bitte endlich auf!

Recherchiere selbst abseits der Mainstreammedien, und Du wirst die Erfahrung machen, dass Du in den Mainstreammedien nur das erfährst, was Du auch erfahren sollst.

Stell' Dir bitte mal die Frage, warum das wohl so ist?

Lass' Dich nicht länger verdummen und einlullen von vielen Mainstreammedien, die nicht selten unter dem Deckmantel vorgeblicher Seriosität nur das kommunizieren, was Du erfahren sollst.

Sprich mit Menschen, die über entsprechende alternative Quellen verfügen, und Du wirst schockiert sein, dass Du womöglich so lange „vernebelt" warst.

Nachwort

Liebe Leserin, lieber Leser,

falls Sie dieses kleine Buch nun vollständig und sorgsam gelesen haben, werden Sie vermutlich die Erfahrung gemacht haben, dass Sie einigen Interpretationen zustimmen können, anderen gegenüber eine eher neutrale Haltung einnehmen, und einer dritten Gruppe mit Widerspruch begegnen.

Das ist gut so.

Wie eingangs schon gesagt, war und ist es nicht das Ziel gewesen, Interpretationen kluger Denkanstöße anzubieten, die für sich in Anspruch nehmen „der Weisheit letzter Schluss zu sein".

Vielmehr ist entscheidend, Sie und andere Leserinnen und Leser dazu anzuregen, sich überhaupt mit wichtigen Denkanstößen zu befassen.

Einerseits deshalb, um Ihren eigenen Horizont zu erweitern. Anderseits auch deswegen, um somit ein klein wenig aktiv dazu beizutragen unsere Erde zu einem lebenswerten Ort im Kosmos werden zu lassen.

Nutzen Sie die Kraft und die Weisheit der hier präsentierten Denkanstöße, indem Sie für sich prüfen, welche der hier vorgestellten Ideen auch Ihr Leben konstruktiv bereichern könnten.

Angebote gibt es ganz sicher.

Sie haben die Wahl.

Buchempfehlungen des Autors:

Reagieren statt Resignieren

Untertitel: Ärgernisse – Bürgerwut – Konsequenzen

Dieses Buch ist ein Plädoyer für mehr Aufmerksamkeit und Wachsamkeit vielfältigsten Missständen unseres Alltags gegenüber. Es ruft zur bewussten Wahrnehmung, zum Verstehen sowie zu aktivem Engagement auf.

Infos und Bestellung:

http://www.bod.de/index.php?id=296&objk_id=495239

Brustkrebs & Depressionen

Dieses Buch vermittelt einerseits die Lebenswirklichkeit und Gedankenwelt eines Menschen, der über viele Jahre hinweg erleben und erleiden musste, wie in teils menschlich abstoßender Manier mit schwerkranken Menschen umgegangen wird. Andererseits werden auffällige Zusammenhänge beleuchtet, in deren Rahmen man sich als aufmerksamer Bürger dieses Landes die Frage stellt, ob bzw. inwieweit bestimmte Institutionen die ihnen kraft Gesetz zugeteilten Kompetenzen überhaupt noch sachgerecht und verantwortungsvoll ausfüllen?

Infos und Bestellung:

http://www.bod.de/buch/aribert-boehme/brustkrebs-und-depressionen/9783732236664.html

Kontakt zum Autor:

Psychologische_Beratung_Boehme@gmx.de

Internetpräsenz des Autors:

www.aribertboehme.de